Die Wilhelm-Busch-Bibliothek

Band 7

Wilhelm Busch

In der Seelsorge Gottes

Angefochtene Gottesknechte

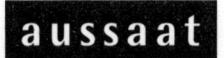

aussaat

CLV

1. Auflage 2006

© 2006 Aussaat Verlag
Verlagsgesellschaft des Erziehungsvereins mbH,
Neukirchen-Vluyn
Satz: CLV
Umschlag: H. Namislow
Druck und Bindung: GGP Media GmbH, Pößneck

Die Wilhelm-Busch-Bibliothek besteht aus 13 Bänden

ISBN-10: 3-7615-5487-7 (Aussaat)
ISBN-13: 978-3-7615-5487-6 (Aussaat)
ISBN-10: 3-89397-681-7 (CLV)
ISBN-13: 978-3-89397-681-2 (CLV)

Inhalt

Ein Wort zur Einführung 9

Gott lässt warten 11
1.Mose 8,1-16

Unter dem Druck der Verhältnisse 21
1.Mose 12,10-13,1

Das nicht erhörte Gebet 31
1.Mose 18,20-33 und 1.Mose 19,27-28

Die Angst 41
1.Mose 32,25-32

Der massive Generalsturm 51
1.Mose 39,7-18

Ein geplagter Mann 61
4.Mose 20,2-12

»Hat er mich gemeint?« 71
Richter 6,36-40

Das schwache Herz 80
Richter 16,4

Am Scheideweg 89
1.Könige 3,5 u. 9

»Ich habe keine Lust mehr« 98
1.Könige 19,1-21

Die schreckliche Frage:
»Ist Gott ungerecht?« 110
Hiob 2,3

Der tiefe Fall 119
Psalm 51

»Ich komme zu kurz!« 129
Psalm 73

Der »erfolglose« Zeuge 139
Jesaja 6,8-10

Die Ungerechtigkeit in der Welt 149
Habakuk 1,2-4

Temperaturschwankungen des Glaubens .. 158
Matthäus 14,19-33

Der ungestillte Ehrgeiz 168
Markus 9,33-34

»Ich aber muss abnehmen« 179
Johannes 3,26-30

Ausgerechnet so einer! 188
Apostelgeschichte 9,13

Im finsteren Tal 198
2.Korinther 1,4 und 8

Ein Wort zur Einführung

Nur die Leute, die Jesu Ruf »Komm und folge mir nach!« gehört haben, wissen, was Anfechtung ist. Kürzlich hat ein General von der »Stunde der Anfechtung« gesprochen, als die Bundeswehr kritisiert wurde. Wir meinen in dieser Schrift etwas anderes. Hier ist nicht einfach von Schwierigkeiten die Rede.
»Anfechtung« ist die Kehrseite des rechten Glaubens.
Der Glaube ist froh, dankt, preist und ist gewiss, weil er auf den großen, starken, wunderbaren Herrn blickt, und in Kreuz und Auferstehung Jesu offene Türen des Heils sieht.
Anfechtung aber entsteht, weil ein Nachfolger des Herrn

sich seinen Gott oft anders gedacht hat,
Gottes Führungen nicht begreift,
an sich selbst zuschanden wird,
ohne Gewissheit nicht leben kann
die Wirklichkeit des Teufels erfährt, der
nicht will, dass jemand aus seinem
Machtbereich ausbricht.

Nachfolger Jesu Christi stehen zuweilen vor

einem Abgrund, der sich auf ihrem Weg aufgetan hat. Sollen sie umkehren? Sollen sie sich in den Abgrund stürzen? Beides nicht. Sie glauben – und finden sich auf einmal doch auf der anderen Seite des Abgrunds. Das ist das Wunder des Glaubensweges!

Doch – wie gesagt – nur auf dem Weg der »Gottesknechte« finden sich solche Abgründe. Und nur auf der Straße der »Gottesknechte« wird die Erfahrung des Osterlieds gemacht:

»Er reißet durch den Tod,
Durch Welt, durch Sünd, durch Not,
Er reißet durch die Höll,
Ich bin stets sein Gesell.«

W. Busch

Gott lässt warten

1.Mose 8,1-16:
Da gedachte Gott an Noah und an alle Tiere und an alles Vieh, das mit ihm in dem Kasten war, und ließ Wind auf Erden kommen, und die Wasser fielen; und die Brunnen der Tiefe wurden verstopft samt den Fenstern des Himmels, und dem Regen vom Himmel ward gewehrt; und das Gewässer verlief sich von der Erde immer mehr und nahm ab nach hundertundfünfzig Tagen. Am siebzehnten Tage des siebenten Monats ließ sich der Kasten nieder auf das Gebirge Ararat. Es nahm aber das Gewässer immer mehr ab bis auf den zehnten Monat. Am ersten Tage des zehnten Monats sahen der Berge Spitzen hervor. Nach vierzig Tagen tat Noah das Fenster auf an dem Kasten, das er gemacht hatte, und ließ einen Raben ausfliegen; der flog immer hin und wieder her, bis das Gewässer vertrocknete auf Erden. Danach ließ er eine Taube von sich ausfliegen, auf dass er erführe, ob das Gewässer gefallen wäre auf Erden. Da aber die Taube nicht fand, da ihr Fuß ruhen konnte, kam sie wieder zu ihm in den Kasten; denn das Gewässer war noch auf dem ganzen Erdboden. Da tat er die Hand heraus und nahm sie zu sich in den Kasten. Da harrte er noch weitere sieben Tage und ließ abermals eine

Taube fliegen aus dem Kasten. Die kam zu ihm zur Abendzeit, und siehe, ein Ölblatt hatte sie abgebrochen und trug's in ihrem Munde. Da merkte Noah, dass das Gewässer gefallen wäre auf Erden. Aber er harrte noch weitere sieben Tage und ließ eine Taube ausfliegen; die kam nicht wieder zu ihm. Im sechshundertundersten Jahr des Alters Noahs, am ersten Tage des ersten Monats vertrocknete das Gewässer auf Erden. Da tat Noah das Dach von dem Kasten und sah, dass der Erdboden trocken war. Also ward die Erde ganz trocken am siebenundzwanzigsten Tage des zweiten Monats. Da redete Gott mit Noah und sprach: Gehe aus dem Kasten, du und dein Weib, deine Söhne und deiner Söhne Weiber mit dir.

Die Situation

Die Geschichte von der Sintflut ist allgemein bekannt. Gerade in dieser Erzählung von dem furchtbaren Gericht Gottes wird uns in unüberhörbarer Weise das Evangelium verkündigt. Gott will und muss richten. Aber seine Gerichtsaktion beginnt damit, dass er umständliche Vorbereitungen trifft, um den Noah und die Seinen zu retten. Es geht Gott um das Erretten.

Aber nun haben wir es diesmal nicht mit der eigentlichen Sintflut-Geschichte zu tun und auch nicht mit der Errettung des Noah. Wir wollen vielmehr unsere Aufmerksamkeit darauf richten, wie der Noah sich verhielt, als die Sintflut zu Ende war. Jeder Bibelleser wird jetzt daran denken, dass Noah Dankopfer darbrachte, als er aus dem Kasten kam. Aber auch davon wollen wir nicht reden. Es wird meist viel zu wenig beachtet, was der Noah tat, ehe er aus dem Kasten kam. Das ist nämlich für alle Christenleute überaus lehrreich und wertvoll.

Es wird berichtet: »Am siebzehnten Tag des siebten Monats (im sechshundertsten Lebensjahr Noahs) ließ sich der Kasten nieder auf das Gebirge Ararat.« Noah spürt mit den Seinen erschüttert, dass nun ihre schreckliche Notzeit zu Ende geht.

Hundertfünfzig Tage schwebte dieses seltsame Schiff auf den Wellen. Das muss eine fürchterliche Zeit für Noah gewesen sein. Seitdem Gott hinter ihm zugeschlossen hatte, saß er in der dämmrigen Arche, in die kaum Licht fiel. Sie hörten vielleicht die Schreie der untergehenden Menschen. Ihre Phantasie zeigte ihnen fürchterliche Bilder. Und dann war Stille.

Dann kamen die einhundertfünfzig Tage. Die Arche war ein Schiff ohne Kiel. Solch ein Kasten mag jämmerlich geschaukelt haben.

Man war eingeschlossen in Dämmerung und drangvoller Enge.

Wie mag Noah es begrüßt haben, als er spürte: »Jetzt ist unser Schiff irgendwo auf Grund geraten. Jetzt werden wir bald befreit.«

Das war – wie gesagt – am siebzehnten Juli. (Man verzeihe mir, wenn ich einfach unsere Daten einsetze. Ich tue es, damit der Leser die Zeit ein wenig besser verfolgen kann.)

Aber nun ging es gar nicht so eilig. Die Bibel sagt nur: »Am ersten Oktober sahen der Berge Spitzen hervor.« Noah wartet noch 40 Tage. Dann wird er ungeduldig. Er öffnet ein Fenster und lässt einen Raben hinausfliegen. Später eine Taube. Sie kommen beide zu ihm zurück. Nach sieben Tagen lässt er die Taube noch einmal ausfliegen. Als sie zu ihm zurückkommt, trägt sie im Schnabel ein Ölblatt. »Da merkte Noah, dass das Gewässer auf Erden gefallen wäre.«

Aber immer noch geschieht nichts. Es heißt nur, dass am ersten Januar das Gewässer auf Erden vertrocknete. Noah merkte es daran, dass die Taube nach einem weiteren Ausfliegen nicht zu ihm zurückkam. Aber es geschieht nichts. Gott schweigt. Da reißt Noah das Dach vom Kasten und sieht, dass der Erdboden trocken ist.

Aber erst am siebenundzwanzigsten Februar redet Gott mit Noah und spricht: »Gehe aus dem Kasten.«

Wir spüren dem biblischen Bericht an, wie endlos sich diese Zeit für Noah dehnt. Und damit sind wir bei der Anfechtung, von der zu reden ist.

Das Warten-Müssen

Der unbekannte Verfasser des Hebräerbriefes schrieb an eine Gemeinde, die in heißer Verfolgung stand. Da ist der Satz so wichtig: »Geduld ist euch not, auf dass ihr den Willen Gottes tut und die Verheißung empfangt.« Der Apostel wusste also, dass es Gottes Art ist, seine erkauften und erwählten Kinder warten zu lassen. Vom Teufel heißt es einmal in der Bibel: »Er weiß, dass er wenig Zeit hat.« Von Gott wird so etwas nie gesagt. Wir aber sind Leute, die auch wenig Zeit haben. Und darum gehört das Warten-Müssen zu den großen Anfechtungen der Knechte Gottes.

Wie brannte das Herz Moses, seinem Volk zu helfen! Aber nachdem er den fleischlichen Weg gewählt hatte und einen Ägypter erschlug, ließ ihn der Herr vierzig lange Jahre warten, bis er ihn beim brennenden Dornbusch berief zu dem großen Werk.

Wie brannte Gottes Volk auf die Freiheit, als Mose zum ersten Mal zu ihm kam! Aber dann dauerte es lange, lange Zeit, in der die Ägypter durch die zehn Plagen zermürbt werden mussten, bis die Stunde der Freiheit endlich schlug. Die Bibel erzählt uns, dass Israel in dieser Zeit immer wieder den Glauben und die Geduld verlor.

Wie hat Joseph warten müssen, obwohl ihm Gott durch die Träume so große Verheißungen gegeben hatte! Da saß er im Gefängnis in Ägypten. Er hatte die Versprechung des Hofmundschenken, er wolle an ihn denken. Und es geschah nichts.

Es ließen sich unendlich viel Beispiele aus der Bibel anführen: Wie haben die Väter warten müssen auf das Kommen des Heilandes! Jakob sagt schon verlangend: »Herr, ich warte auf dein Heil.« Und dann dauerte es noch tausend Jahre. Oder wir denken an Paulus, diesen aktiven Streiter des Herrn, den ein oberflächlicher römischer Landpfleger zwei Jahre in Cäsarea im Gefängnis hält, weil er nicht recht weiß, was er mit diesem Mann anfangen soll und weil er auf eine Bestechung wartet.

Ich glaube, es ist für alle glaubenden Christen sehr wichtig, sich klarzumachen: Gott lässt sich Zeit! Und dass er uns warten lässt, gehört zur Erziehung an seinen Kindern.

Die Ungeduld

Kehren wir zu Noah zurück. Die Bibel hat ja immer in sehr großer Offenheit von den »Sünden der Heiligen« gesprochen. Sie tut es auch hier. Bis zu diesem schrecklichen halben Jahr war Noah ganz klar unter des Herrn Führung. Der Herr sagte ihm, wie er die Arche bauen sollte. Und der Herr bestimmte den Zeitpunkt, an dem er in die Arche gehen sollte. Und der Herr schloss hinter ihm zu.

Dass Noah die Fenster öffnet und den Raben und die Tauben ausfliegen lässt, verrät schon etwas davon, dass er ungeduldig wurde. Aber ganz besonders deutlich wird das, als Noah das Dach von der Arche abwirft. Der Herr hat hinter ihm verschlossen. Die Türen sind zu. Es sieht fast so aus, als wenn Noah nun durchs Dach hinaussteigen wollte.

Man wundert sich fast, dass er es nicht getan hat. Sicher war er viel zu sehr darin geübt, den Willen Gottes zu tun, als dass er solch einen Ungehorsamsschritt gewagt hätte. So ließ er es dabei bewenden, dass durch das abgehobene Dach Licht und Luft in die Arche strömten.

Wie mag Noah in den kommenden zwei Monaten mit seinem ungeduldigen Herzen gerungen haben, um es zur Stille zu zwingen!

Wir werden hier auf etwas sehr Wichtiges gewiesen: Durch unsere Ungeduld, die den Wegen Gottes vorauseilen will, können wir uns selbst in große Not bringen.

Als schrecklichste Warnung steht in der Bibel das Bild des Königs Saul, der nicht warten konnte, bis der Herr ihm den Samuel schickte, und der darum verworfen wurde.

Oder wir denken an Abram, dem es zu lange dauerte, bis Gott ihm den verheißenen Sohn gab. Da ließ er sich in die böse Geschichte mit Hagar ein, die ihm viel Not machte.

In wie viel Unruhe und Schwierigkeiten kamen die lieben Jünger, die die Königsherrschaft Jesu so brennend erwarteten und die einfach irre wurden, als Jesus zunächst den Weg zum Kreuz ging.

Ich bin überzeugt, dass alte Gotteskinder aus ihrem eigenen Leben genug Beispiele wissen, wie sie durch ihr ungeduldiges Wesen Gott zuvorkommen wollten – und alles verdarben. Es ist doch ein sehr wichtiger Satz, der im Propheten Jesaja steht: »Durch Stillesein und Hoffen würdet ihr stark sein.«

Die Torheit der Ungeduld

Sicher bestand die eigentliche Anfechtung des Noah darin, dass er den Eindruck bekam,

Gott hätte ihn vergessen. Ja, das ist eine der schweren Anfechtungen der Kinder Gottes, dass Satan ihnen einredet: »Wenn so große Ereignisse geschehen, dann kann der Herr unmöglich so ein einzelnes kleines Menschenleben wichtig nehmen. Du überschätzt dich selbst, wenn du meinst, dass der Herr inmitten der großen Weltstürme dich im Auge habe und dich persönlich führen, tragen, heben und erretten könne.«

Gerade darum ist es sehr wichtig, dass das Kapitel, in dem der Schluss der Sintflutgeschichte steht, so beginnt: »Da gedachte Gott an Noah und an alle Tiere und an alles Vieh, das mit ihm in dem Kasten war.« Während der Kasten noch auf den Wellen schaukelt, gedenkt der Herr an seinen Noah.

Das ist das Wunder aller Wunder, dass wohl »ein Weib ihres Kindleins vergessen kann«, aber dass der Herr seine Kinder nicht vergisst. Das ist etwas ganz Wunderbares und für die Vernunft Unausdenkbares.

Wenn in den letzten Monaten des vergangenen Krieges Tausende von Menschen aus ihren Wohnungen gerissen wurden, heimatlos über die Straßen irrten; wenn Tausende in Bombenkellern zitterten oder gar umkamen, dann schien es unausdenkbar, dass der Herr in diesem Durcheinander seine Kinder im Auge behalten könne.

Aber er tut es! Jesus sagt: »Niemand kann meine Schafe aus meiner Hand reißen.« Es ist so wichtig, dass wir das ganz festhalten: »Ich steh in meines Herren Hand / und will drin stehenbleiben.«

Geduld ist euch not

Ich habe mir eine Konkordanz vorgenommen und gestaunt, wie häufig die Wörter »Geduld« und »geduldig« in der Bibel vorkommen. Das spielt also eine große Rolle im Glaubensleben. Die Gemeinde der Endzeit wird dem antichristlichen Wüten ihre Fahne entgegenhalten: »Hier ist Geduld und Glaube der Heiligen!«

Die Bibel sagt uns klar, dass Geduld nicht auf dem Boden unseres bösen Herzens wächst. Sie ist eine Frucht des Heiligen Geistes. Je mehr wir ihn haben, desto mehr werden wir – mit Gott und wie Gott – warten können – auch in Trübsalen.

Unter dem Druck der Verhältnisse

1.Mose 12,10-13,1:
Es kam aber eine Teuerung in das Land. Da zog Abram hinab nach Ägypten, dass er sich daselbst als ein Fremdling aufhielte; denn die Teuerung war groß im Lande. Und da er nahe an Ägypten kam, sprach er zu seinem Weibe Sarai: Siehe, ich weiß, dass du ein schönes Weib von Angesicht bist. Wenn dich nun die Ägypter sehen werden, so werden sie sagen: Das ist sein Weib – und werden mich erwürgen und dich leben lassen. So sage doch, du seist meine Schwester, auf dass mir's wohl gehe um deinetwillen. Als nun Abram nach Ägypten kam, sahen die Ägypter das Weib, dass sie sehr schön war. Und die Fürsten des Pharao sahen sie und priesen sie vor ihm. Da ward sie in des Pharao Haus gebracht. Und er tat Abram Gutes um ihretwillen. Und er hatte Schafe, Rinder, Esel, Knechte und Mägde, Eselinnen und Kamele. Aber der Herr plagte den Pharao mit großen Plagen und sein Haus um Sarais, Abrams Weibes willen. Da rief Pharao Abram zu sich und sprach zu ihm: Warum hast du mir das getan? Warum sagtest du mir's nicht, dass es dein Weib wäre? Warum sprachst du denn, sie wäre deine Schwester? Derhalben ich sie mir zum Weibe nehmen wollte. Und nun siehe, da hast du dein Weib; nimm sie und ziehe hin. Und Pharao befahl seinen Leuten über ihm,

dass sie ihn geleiteten und sein Weib und alles, was er hatte. Also zog Abram herauf aus Ägypten mit seinem Weibe und mit allem, was er hatte, und Lot auch mit ihm ins Mittagsland.

Die Herrlichkeit Abrams

Wenn ich die alten Ausleger wie etwa Magnus Friedrich Roos lese, dann ergreift es mich immer wieder, wie ungern und zögernd sie von Abrams Sünde sprechen. Es ist, als wenn sie sagen wollten: Es steht uns nicht an, diesen Vater des Glaubens und Freund Gottes in seiner schwachen Stunde zu beobachten und zu kritisieren. Ich glaube, diese Haltung ist richtig. Der Hebräerbrief mahnt uns: »Gedenkt an eure Lehrer … Ihren Glauben schauet an und folget ihrem Wandel nach.« Der vorbildliche Glaubenswandel der großen Gottesmänner ist für uns wichtiger als die Beobachtung ihrer Sünde und Schwachheit.

Darum lasst uns zuerst von der Herrlichkeit Abrams reden. Sie war zunächst äußere Herrlichkeit. Wir lesen: »Abram aber war sehr reich an Vieh, Silber und Gold.« Als er später seinem Neffen Lot zu Hilfe eilte, war er imstande, 318 leibeigene Knechte zu bewaffnen. Welch einen Reichtum muss der Abram gehabt haben! Wie hat ihn Gott mit äußeren Gütern gesegnet!

Wichtiger aber ist die geistliche Herrlichkeit Abrams. Der Herr hatte zu ihm gesagt: »Geh aus deinem Vaterlande in ein Land, das ich dir zeigen will.« Abram war sofort diesem Ruf gefolgt. Seitdem befand er sich mit seinem ganzen Leben auf der Glaubensbahn. Seine Wege waren Glaubenswege. Der Herr selber führte ihn Schritt für Schritt. Und wie herrlich bewährte er sich im Glauben! Als der Herr ihm einen Sohn verheißt, sieht er nicht seinen erstorbenen Leib an, auch nicht den erstorbenen Leib der Sara, sondern »er wusste aufs Allergewisseste, dass, was Gott verheißt, das kann er auch tun« (Römer 4,21f). Und als der Herr seinen einzigen Sohn von ihm forderte, hat er diese patriarchalische Anfechtung im Glauben bestanden. Er war bereit, seinen Sohn dem Herrn zu opfern. Darum wird er uns im Römerbrief geschildert wie ein Mann, der im tiefen Schnee Fußstapfen tritt. Und alle, die nach ihm im Glauben wandeln, treten »in die Fußstapfen des Glaubens des Vaters Abraham«.

Wie weiß das 11. Kapitel des Hebräerbriefs den Glauben des Abraham zu rühmen: »Er wartet auf eine Stadt, die einen Grund hat, deren Baumeister und Schöpfer Gott ist ... Darum schämt sich Gott ihrer nicht, zu heißen ihr Gott.«

Ja, es ist viel zu rühmen von der Herrlichkeit Abrams.

Und doch ...

Und doch erzählt die Bibel ein paar Mal davon, wie Abram vom Glaubensweg abgewichen ist, z.B. in der Geschichte mit Hagar. Oder in unserem Textabschnitt.

Einerseits ist das sehr tröstlich für uns. Selbst die großen Gottesmänner haben ihre Kämpfe bestehen müssen. Wollen wir es besser haben? Selbst die großen Gottesmänner haben gesündigt und Buße tun müssen. Wie könnten wir sündlos sein!

Andererseits aber ist dies für uns eine unüberhörbare Warnung. Wenn selbst ein Abraham, der so stark im Glauben war, bedroht ist, wie viel mehr sind wohl wir bedroht. Da kann man schon erschrecken und bitten: »Hand, die nicht lässt, halte mich fest!«

Der Druck der Verhältnisse

Als aus dem Geschlecht Abrahams ein großes Volk geworden war, hat der Herr dies Volk aus Ägypten erlöst. In der biblischen Gedankenwelt ist der Weg nach Ägypten ein Symbol für den Ungehorsamsweg. Als Elia aus der Arbeit weglief, schlug er die Richtung nach Ägypten ein. Abram geht nach Ägypten. Er reist in das Land, wo der Herr sein Volk nicht haben will.

Diesen Ungehorsamsweg ging Abram unter dem Druck der Verhältnisse.

In Kanaan war »große« Teuerung. Das ergab eine schwierige Lage für Abram! Er hatte viel Vieh! Und er musste für viele, viele Menschen sorgen. Da sagte die Vernunft: »Es wäre Leichtsinn, jetzt noch einfach auf den Herrn zu vertrauen, der dich hierher geführt hat. Jetzt musst du handeln, Abram; jetzt musst du etwas tun. In Ägypten sind Nahrung und Wasser.« Wir kennen aus der Josephs-Geschichte ja diese Parole: Auf nach Ägypten! In Ägypten ist genug zu essen.

So kam bei Abram die Vernunft in Konflikt mit Gottes Wort. Wir kennen in unserer heutigen Lage alle solche bedrängenden Situationen, wo Vernunft und Glaube gegeneinander stehen. Denken wir nur daran, wie viele Christen während der Nazizeit gegen ihre Überzeugung in die Partei eingetreten sind! »Ich kann doch nicht anders!« seufzten sie. Es gibt ein Sprüchlein aus den Glaubenskämpfen der nachreformatorischen Zeit, in der Pfarrer oft gezwungen wurden, irgendeinen Revers zu unterschreiben, der gegen ihr Gewissen ging. Die Pfarrfrauen baten: »Schreibt, lieber Herre, schreibt, dass ihr auf der Pfarre bleibt!« Und wie oft begegnen mir in meiner Seelsorge Kaufleute, die in ihren Steuererklärungen nicht immer ganz nach ihrem christlichen Gewissen handeln. »Ich müsste mein Geschäft schließen, wenn ich ganz ehrlich sein wollte«, sagte mir ein Mann in großer Traurigkeit. Oder ich denke an einen höheren Schüler. Er sagte: »Unsere Lehrer rechnen damit, dass wir pfuschen. Ich kann einfach nicht mitkommen in der Klasse, wenn ich es nicht tun wollte.« Das sagte nicht irgendeiner, sondern ein Primaner, der den Herrn Jesus liebhat und auf Gottes Wegen gehen will. Er sagte es in großer Not des Herzens in einer Bibelstunde.

Vernunft gegen Gottes Wort! Rechnen gegen Glauben!

Die halbe Lüge

In welch innerer Not mag Abram gewesen sein, als die Stimme des Herrn und die klare Führung in seinem Leben verstummten und nur noch die rechnende Vernunft das Wort hatte: »Du kannst deine Knechte und Mägde nicht mehr ernähren! Deine Herden verdursten!« – Da gibt er endlich nach und macht sich auf den Weg nach Ägypten.

Was ist das für ein trauriger Weg! Und doch sind so viele Gotteskinder auf diesem Wege. Die fröhliche Glaubenszuversicht ist dahin.

Der innere Unfriede, der die Welt regiert, zieht ins Herz ein. Und was man vorher nicht kannte, die Angst, fängt an, eine Macht zu werden. Abram nähert sich Ägypten. Und da kommt die Angst: Die Ägypter werden seine schöne Frau sehen. Sie werden nach ihr begierig werden. Um sie zu erlangen, werden sie ihn umbringen.

Es ist interessant: So weit war es doch noch gar nicht. Solange wir auf dem Glaubensweg sind, können wir fröhlich singen: »Unter deinen Schirmen / bin ich vor den Stürmen / aller Feinde frei.« Wenn wir aber anfangen, den Weg der Vernunft und des Fleisches zu gehen, kommen die Ängste der Welt über uns.

Abram ist von Angst gequält. Da nun nicht mehr der Herr, sondern die Vernunft ihn leitet, muss ein vernünftiger Ausweg gefunden werden. Dieser Ausweg ist eine halbe Lüge. Keine ganze! Eine halbe, ein Kompromiss! In 1.Mose 20,12 hören wir aus dem Munde Abrams: »Sarai ist wahrhaftig meine Schwester; denn sie ist meines Vaters Tochter, aber nicht meiner Mutter Tochter, und ist mein Weib geworden.« Dieser Verwandtschaftsgrad muss nun herhalten; Abram bittet Sarai: »Sage nur, du seiest meine Schwester.«

Wir müssen noch auf etwas besonders Unheimliches bei diesem Ausweg aufmerksam machen: Abram kalkuliert also von vornherein ein, dass man ihm sein Weib wegnehmen wird. Mit dieser halben Lüge gibt er sie preis. Mögen die Ägypter sie nehmen! Wenn er nur sein Leben und sein Hab und Gut rettet! Ich bin überzeugt, dass Abram sein Weib nicht preisgeben wollte, dass er diesen Gedanken weggeschoben hat. Und es wird hier sehr deutlich: Wer sich einmal auf den Glaubensweg begeben hat, kommt auf den Vernunftwegen nicht mehr zu Rande. Man will eine Not beseitigen und öffnet der nächsten Schwierigkeit nur die Tür.

Armer Abram! Wir können das sagen, weil wir heute genau die gleiche Erfahrung machen. Wir sind ja viel häufiger der Vernunft gefolgt als Abram. Und am Ende kam nur eine Not aus der anderen heraus, bis wir umkehrten und dem Herrn unser Leben wieder anvertrauten. Im Übrigen wird hier deutlich: Mit Kompromissen und halben Zugeständnissen gegen unser Gewissen wird unsere Lage nicht leichter, sondern schwerer.

Unwürdige Lage

Man stelle sich vor: Pharao sieht Abram als Schwager an und tut ihm Gutes. Und Abram schweigt. Dann kommen gerichtliche Plagen über das Haus Pharao um Sarais willen. Und Abram kann nicht reden. Was muss der liebe Mann Gottes für schlaflose Nächte durchgestanden haben! Wie hat er wohl unter Tränen sich zurückgesehnt nach den Tagen, wo der Herr mit ihm redete und der Friede Gottes sein Herz erfüllte! Die Vernunft hat ihn in eine Lage gebracht, aus der es keinen Ausweg mehr gibt. Für Kinder Gottes gibt es immer nur einen einzigen Weg und Ausweg: nämlich die Führung durch den Herrn. Alles andere sind Sackgassen.

Und wie fürchterlich ist die Lage erst für Abram, als er, der Mann Gottes, vor dem heidnischen Pharao steht und sich sagen lassen muss: »Warum hast du mir das getan?« Es gehört wohl zum Beschämendsten für Kinder Gottes, wenn sie sich von der Welt ihre Sünde vorhalten lassen müssen. Wohl uns, wenn wir es dann machen wie Abram, dass wir uns nicht rechtfertigen, sondern schweigend den Vorwürfen Recht geben!

Der Herr lässt seine Erwählten nicht

Nein, der Herr ließ den Abram nicht los: »Also zog Abram herauf aus Ägypten mit seinem Weibe und mit allem, was er hatte, ins Mittagsland.« Der Herr sorgt dafür, dass sein Knecht wieder auf den Weg kommt, auf den er gehört. Wenn ich diese Abram-Geschichte betrachte, fallen mir die schönen Verse von Paul Gerhardt ein:

»So ging's den lieben Alten, / an deren Fuß und Pfad / wir uns noch täglich halten, / wenn's fehlt an gutem Rat. / Sie zogen hin und wieder, / ihr Kreuz war immer groß, / bis dass der Tod sie nieder / legt in des Grabes Schoss. – Ich habe mich ergeben / in gleiches Glück und Leid; / was will ich besser leben / als solche frommen Leut? / Es muss ja durchgedrungen, / es muss gelitten sein; / wer nicht hat wohl gerungen, / geht nicht zur Freud hinein.«

Das nicht erhörte Gebet

1.Mose 18,20-33 und 1.Mose 19,27-28:
Und der Herr sprach: Es ist ein Geschrei zu Sodom und Gomorra, das ist groß, und ihre Sünden sind sehr schwer. Darum will ich hinabfahren und sehen, ob sie alles getan haben nach dem Geschrei, das vor mich gekommen ist, oder ob's nicht also sei, dass ich's wisse. Und die Männer wandten ihr Angesicht und gingen gen Sodom; aber Abraham blieb stehen vor dem Herrn und trat zu ihm und sprach: Willst du denn den Gerechten mit dem Gottlosen umbringen? Es möchten vielleicht fünfzig Gerechte in der Stadt sein; wolltest du die umbringen und dem Ort nicht vergeben um fünfzig Gerechter willen, die darin wären? Das sei ferne von dir, dass du das tust und tötest den Gerechten mit dem Gottlosen, dass der Gerechte sei gleich wie der Gottlose! Das sei ferne von dir, der du aller Welt Richter bist! Du wirst so nicht richten. Der Herr sprach: Finde ich fünfzig Gerechte zu Sodom in der Stadt, so will ich um ihrer willen dem ganzen Ort vergeben. Abraham antwortete und sprach: Ach siehe, ich habe mich unterwunden zu reden mit dem Herrn, wiewohl ich Erde und Asche bin. Es möchten vielleicht fünf weniger denn fünfzig Gerechte darin sein; wolltest du denn die ganze Stadt verderben um der fünf willen? Er sprach: Finde ich darin fünfund-

vierzig, so will ich sie nicht verderben. Und er fuhr fort mit ihm zu reden und sprach: Man möchte vielleicht vierzig darin finden. Er aber sprach: ich will ihnen nichts tun um der vierzig willen. Abraham sprach: Zürne nicht, Herr, dass ich noch mehr rede. Man möchte vielleicht dreißig darin finden. Er aber sprach: Finde ich dreißig darin, so will ich ihnen nichts tun. Und er sprach: Ach siehe, ich habe mich unterwunden, mit dem Herrn zu reden. Man möchte vielleicht zwanzig darin finden. Er antwortete: Ich will sie nicht verderben um der zwanzig willen. Und er sprach: Ach zürne nicht, Herr, dass ich nur noch einmal rede. Man möchte vielleicht zehn darin finden. Er aber sprach: Ich will sie nicht verderben um der zehn willen. Und der Herr ging hin, da er mit Abraham ausgeredet hatte; und Abraham kehrte wieder um an seinen Ort … Abraham aber machte sich des Morgens früh auf an den Ort, da er gestanden vor dem Herrn, und wandte sein Gesicht gen Sodom und Gomorra und alles Land der Gegend und schaute; und siehe, da ging ein Rauch auf vom Lande wie ein Rauch vom Ofen.

Es war ein so gutes Gebet

Im Psalmbuch heißt es einmal: »Mein Gebet müsse vor dir taugen« (141,2). Es gibt also untaugliche Gebete. Als der Pharisäer im Tempel betete: »Ich danke dir, Gott, dass ich nicht bin wie andere Leute«, wurde sein Gebet nicht angenommen, weil es ein untaugliches Gebet war. Aber das Gebet des Abraham war bestimmt ein »taugliches Gebet«.

a) Abraham hielt nicht ein Selbstgespräch. Es heißt: »Er blieb stehen vor dem Herrn.« Wenn im Gottesdienst der Pfarrer oder Prediger sagt: »Wir wollen beten«, dann beugen alle die Köpfe. Aber es glaubt wohl niemand, dass jetzt auch alle »vor dem Herrn stehen«.

b) Abraham ging den Herrn an nicht für sich selbst, sondern für andere. Es war ein wirkliches Fürbitten-Gebet. Unsere Selbstsucht, die sich immer um sich selber dreht, kann auch in unseren Gebeten zum Ausdruck kommen. So war es bei Abraham nicht.

c) Abraham betete für Menschen, die seine »weltanschaulichen Gegner« waren. In 2.Petrus 2,7 steht: »Die schändlichen Leute in Sodom taten dem gerechten Lot alles Leid mit ihrem unzüchtigen Wandel.« Lot war Abrahams Neffe. Er hätte also allen Grund gehabt, den Leuten in Sodom alles Böse zu wünschen. Statt dessen tut er Fürbitte für sie.

d) Es war ein demütiges Gebet. Wie beugt er sich vor Gottes Majestät: »Ach, siehe, ich habe mich unterwunden zu reden mit dem Herrn, wiewohl ich Erde und Asche bin.«

e) Es war ein herzandringendes Gebet. Die Nationalsozialisten haben immer wieder über dies Kapitel gespottet und gesagt, Abraham habe mit Gott geschachert wie ein Handelsjude. Nun, dies ist ja gerade das Große an dem Gebet, dass Abrahem nicht müde wird, sondern den Herrn immer und immer wieder angeht um Erbarmen für Sodom.

Wenn wir das alles uns vergegenwärtigen, dann müssen wir anerkennen: Dies war wirklich ein geistliches Gebet. So selbstlos, so voll Erbarmen mit den Verlorenen, so klein vor der Majestät des Herrn, und doch so unermüdlich können nur wiedergeborene Gotteskinder beten.

Es gibt Gebete, die sind so, als wenn ein Mensch an der Notbremse reißt, um die er sich vorher keinen Deut gekümmert hat. Nein, so ist Abrahams Gebet nicht. Es ist ein »taugliches« Gebet.

Die Erwartung Abrahams

Wir spüren aus dem biblischen Bericht, mit welcher Spannung der Abraham der Erhörung seines Gebetes entgegensah: »Abraham machte sich des Morgens früh auf an den Ort, da er gestanden vor dem Herrn, und wandte sein Angesicht gegen Sodom und Gomorra und alles Land der Gegend und schaute …«

Man hat den Eindruck, dass Abraham in jener Nacht kaum geschlafen hat. In aller Frühe, während sein großes Lager noch im Schlafe liegt, ist er schon wieder auf den Beinen. Er geht an den Platz, der ihm aus einem doppelten Grund jetzt wichtig ist. Es ist der Platz, wo er mit dem Herrn so eindringlich geredet hat. Und es ist ein Platz, von wo man in die Jordanebene nach Sodom und Gomorra zu einen weiten Blick hat.

Dorthin eilt Abraham in der Morgenfrühe. Der biblische Text sagt: »Er wandte sein Angesicht gegen Sodom und schaute.« Man spürt den Worten förmlich an, mit welcher Spannung und Erwartung dieser Knecht Gottes die Dämmerung mit seinen Blicken durchdringen will, um zu sehen, ob sein Gebet erhört ist.

Es gibt eine Art zu beten, die gar nicht mit der Erfüllung der Gebete rechnet. Das klassische Beispiel dafür ist ja wohl die erste Gemeinde in Jerusalem. Da hatte der König Herodes den Petrus ins Gefängnis geworfen, um ihn nach dem Passahfest hinzurichten. Nun lesen wir in der Apostelgeschichte: »Die Gemeinde betete ohne Aufhören für ihn zu Gott.«

Der Herr erhörte das Gebet und befreite in wunderbarer Weise den Petrus. Der wusste, wo er die Gemeinde finden konnte, und eilte mitten in der Nacht schnurstracks zu dem Hause, wo die Gebetsversammlung stattfand. Dort klopfte er an. Eine Hausangestellte namens Rhode machte ihm auf und schaute hinaus. Als sie den Petrus stehen sah, schlug sie die Tür wieder zu, eilte in die Gebetsversammlung – in die Gebetsversammlung, wo man für die Befreiung des Petrus betete! – und teilte mit: »Der Petrus ist frei. Er steht draußen.« Da erklärt man dem Mädchen, sie habe wohl den Verstand nicht ganz beisammen. Und wenn da jemand stände, dann könne es offenbar nur sein, dass Petrus schon hingerichtet und sein Geist ihr erschienen sei. Jeder kann diesen Bericht im 12. Kapitel der Apostelgeschichte selbst nachlesen.

Diese ersten Christen, die blutig verfolgt wurden, waren doch gewiss ernsthafte Beter. Und trotzdem rechneten sie nicht mit der Erfüllung ihres Gebets.

Was sollen wir da sagen! Wie oft ist unser Gebet wohl so armselig! Bei Abraham war es anders. Er rechnete mit der Erfüllung.

Die Not im Herzen Abrahams

Man spürt im biblischen Bericht geradezu das Entsetzen: »… und siehe, da ging ein Rauch auf vom Lande wie ein Rauch vom Ofen«.

Was mag da im Herzen Abrahams vorgegangen sein!

Wir heute können uns in dieser Sache leicht zu Verteidigern Gottes machen. Wir können darauf hinweisen, dass Abrahams Gebet damit geschlossen hat: »Herr, wenn man zehn Gerechte in Sodom findet, dann verderbe die Stadt nicht!« Und der Herr hatte geantwortet: »Ich will sie nicht verderben um der zehn willen.« Wir können also mit Recht darauf hinweisen, dass für den Abraham die Sache klar sein musste: Es waren eben nicht zehn Gerechte in Sodom und Gomorra.

Wir können auch auf Kapitel 19, Vers 29 weisen, wo erzählt wird: »Und es geschah, da Gott die Städte in der Gegend verderbte, gedachte er an Abraham und geleitete Lot aus den Städten, die er umkehrte, darin Lot wohnte.«

Jawohl, wir können uns heute leicht zu Verteidigern Gottes machen. Aber für Abraham war die Sache einfach so: Sein dringendes Gebet um die Errettung dieser Städte war nicht erhört worden. Er hatte mit dem Herrn förmlich gehandelt, um wie viel Gerechter willen der Herr die Stadt verschonen solle. Sollte in seinem Herzen nicht der entsetzliche Gedanke aufgestanden sein: Hätte ich Gott noch gebeten, er solle um fünf Gerechter willen die Stadt verschonen, dann hätte er vielleicht Erbarmen gezeigt. Ist denn Gott so kleinlich, dass er meine Absicht nicht verstanden hat, diese Städte aus seinem Gericht herauszubeten? Ja, ist denn Gott unbarmherziger als Menschen?

Vielleicht hat ihn auch der Gedanke gequält: Um dieser Städte willen habe ich einmal einen Kriegszug unternommen und habe die Bevölkerung aus der Kriegsgefangenschaft errettet. (Man kann das im 14. Kapitel des 1. Mosebuchs nachlesen.) Nun war alle meine Mühe und Arbeit verschwendet: die Arbeit jenes Kriegszuges und meine Gebetsarbeit.

Es gehört zu der knappen Erzählweise der Bibel, dass sie uns über die Gedanken des Abraham nichts sagt. Wir spüren nur aus dem Bericht sein Erschrecken und seine Traurigkeit über das nicht erhörte Gebet.

Ich erinnere mich einer Tersteegensruh-Konferenz, bei der der gesegnete Pastor Modersohn eine halbe Stunde lang mit großer Freudigkeit von Gebetserhörungen berichtete. Nach ihm stand Paul Humburg auf und sagte: »Es ist schön, was Bruder Modersohn uns gesagt hat. Aber nun will ich noch ein Wort sagen für die, denen Gott die Gebete nicht erhört; für die Kreuzträger; für die, denen der Herr einen Strich durch ihre Rechnungen macht; für die, zu deren

Gebeten er nein sagt.« Das Aufmerken, das in diesem Augenblick durch die Versammlung ging, zeigte, wie viel heimliche Not hier liegt.

Die Anfechtung

Es ist wohl nicht von ungefähr, dass im folgenden Kapitel von einem Ungehorsamsweg des Abraham berichtet wird. Es ist eine Geschichte voll Verwirrung, Unwahrhaftigkeit und Traurigkeit. Und 16 Verse lang wird kein Wort gesagt, dass Abraham gebetet habe. Erst im 17. Vers fängt er wieder an zu beten.

Wir merken diesem Kapitel an, wie Abraham durch das nicht erhörte Gebet angefochten worden ist; wie es ihn in eine Gebets-Ermattung gebracht hat. Hier liegt eine große Anfechtung für alle Kinder Gottes. Zugleich aber ist es auch tröstlich, dass selbst große Männer Gottes durch solche Anfechtungen hindurch mussten. Wir dürfen es erfahren wie der Abraham, dass der Herr seine Kinder nicht lässt und sein Wort von neuem an ihnen wahr macht: »Ich will ausgießen den Geist der Gnade und des Gebets.«

Wir müssen lernen

Durch den Mund des Propheten Jesaja sagt der Herr (55,8f): »Meine Gedanken sind nicht eure

Gedanken, und eure Wege sind nicht meine Wege; sondern so viel der Himmel höher ist denn die Erde, so sind auch meine Wege höher denn eure Wege und meine Gedanken denn eure Gedanken.« Wenn der Herr unsere Gebete nicht erhört, dann dürfen wir nicht aufhören zu beten. Dann müssen wir erst recht lernen, den Herrn zu bitten, dass er uns ein gehorsames Herz gibt, das ja sagt zu seinen Wegen. Wir haben ja dafür ein wundervolles Vorbild – den Herrn Jesus in Gethsemane. Der betet zuerst: »Vater, lass diesen Kelch an mir vorübergehen.« Und als der Vater ihm das Nein sagt, da betet er: »Ist es nicht möglich, so trinke ich den Kelch denn.« Und dann ringt er um Stärkung und erfährt, dass ein Engel vom Himmel ihn stärkt.

Die Angst

1.Mose 32,25-32:
Und Jakob blieb allein. Da rang ein Mann mit ihm, bis die Morgenröte anbrach. Und da er sah, dass er ihn nicht übermochte, rührte er das Gelenk seiner Hüfte an; und das Gelenk der Hüfte Jakobs ward über dem Ringen mit ihm verrenkt. Und er sprach: Lass mich gehen, denn die Morgenröte bricht an. Aber er antwortete: Ich lasse dich nicht, du segnest mich denn. Er sprach: Wie heißest du? Er antwortete: Jakob. Er sprach: Du sollst nicht mehr Jakob heißen, sondern Israel; denn du hast mit Gott und mit Menschen gekämpft und bist obgelegen. Und Jakob fragte ihn und sprach: Sage doch, wie heißest du? Er aber sprach: Warum fragst du, wie ich heiße? Und er segnete ihn daselbst. Und Jakob hieß die Stätte Pniel; denn ich habe Gott von Angesicht gesehen, und meine Seele ist genesen. Und als er an Pniel vorüberkam, ging ihm die Sonne auf; und er hinkte an seiner Hüfte. Daher essen die Kinder Israel keine Spannader auf dem Gelenk der Hüfte bis auf den heutigen Tag, darum dass die Spannader an dem Gelenk der Hüfte Jakobs angerührt ward.

Tief unten ruht die Angst

Es ist in unserer Zeit viel davon die Rede, dass tief im Unterbewusstsein des Menschen die

Angst wohnt. Philosophen und Nervenärzte wissen davon zu sagen. Und wer einmal einen der Romane des bekannten Schriftstellers Graham Greene gelesen hat, der weiß, wie sehr die Tatsache der Angst den modernen Menschen beschäftigt. ja, man hat den Eindruck, dass die ganze Politik und das öffentliche Leben immer mehr von der Angst bestimmt werden.

Auch Christen haben ihren Anteil daran. Und es ist sehr interessant, dass schon gleich im Anfang der Bibel die Geschichte eines Mannes erzählt wird, bei dem die Angst gewaltig ausbrach. Es ist auch sehr bezeichnend, dass dieser Ausbruch der Angst in der Nacht geschah. Ein Psalmist redet von dem »Grauen der Nacht«.

Aber wenn die Bibel von der Angst spricht, dann weiß sie auch zu berichten von der Überwindung der Angst. Und das macht unsere Geschichte so herrlich, dass sie nicht mit Verzweiflung schließt. Jakob sagt vielmehr nach dieser schrecklichen Nacht: »Ich habe Gott von Angesicht gesehen, und meine Seele ist genesen.« Diese Geschichte ist also für unsere Zeit sehr wichtig.

Der geheimnisvolle Mann

In einer gefährlichen Lage hat sich Jakob von seinen Angehörigen gerissen und ist an der

Furt des Jabbok allein geblieben. »Da rang ein Mann mit ihm.«

Wer war dieser geheimnisvolle Mann? Hier ist Christus im Alten Testament. Lange ehe die zweite Person der Dreieinigkeit in der Fülle der Zeit Mensch wurde, war sie von Ewigkeit her beim Vater. Der Sohn des Vaters, der Christus, tritt hier dem Jakob entgegen. Wer könnte es sonst sein, wenn Jakob selbst hinterher sagt: »Ich habe Gott von Angesicht gesehen.« Unmöglich kann es ein Engel gewesen sein, wenn Jakob zu ihm sagen kann: »… du segnest mich denn.« So spricht man nur zum Herrn selbst. Und dann: Jakob fragt ihn nach seinem Namen, und der fremde Mann antwortet nur: »Warum fragst du, wie ich heiße?« Da wird deutlich, dass Jakob längst weiß, mit wem er es zu tun hat.

Ein Mann, dem die Zukunft Not macht

Es ist Nacht. In unendlicher Einsamkeit sitzt Jakob an dem rauschenden Fluss. Seine Gedanken gehen zurück. Er erinnert sich daran, wie er vor seinem Bruder Esau fliehen musste, nachdem sein Vater ihm, dem Jakob, den Erstgeburtssegen gegeben hatte. Bei dieser Flucht geschah es, dass er in Beth-El im Traum die »Himmelsleiter« sah. Der Herr hatte ihm versprochen: »Ich will dir wohltun.« Ja, der Herr hatte sein Versprechen gehalten. Der Lebensweg des Jakob war gesegnet. Er dachte daran, wie seine Frauen und Kinder auf der anderen Flussseite nun schlummerten. Er dachte an den ungeheuren Reichtum, der ihm zugefallen war. Wie unendlich hell war die Vergangenheit! Ein paar Stunden erst lag es zurück, jenes merkwürdige Erlebnis, das die Bibel so schildert: »Und es begegneten ihm die Engel Gottes. Und da er sie sah, sprach er: Es sind Gottes Heere, und hieß die Stätte Mahanaim.« So war es: Wenn Jakob zurückschaute, dann war alles hell.

Aber – und das war die Qual für Jakob – er musste jetzt nach vorne schauen. Und da war es dunkel. Da war das Grauen. Boten waren zu ihm gekommen mit der Meldung: »Dein Bruder Esau zieht dir entgegen mit 400 Mann.« Der tief gekränkte Bruder Esau, vor dem er einst hatte fliehen müssen, kam ihm mit 400 gewappneten Männern entgegen. Jetzt hatte ihn die würgende Angst gepackt.

Wir sagten im Anfang, dass die Angst tief im Grunde unseres Herzens lagert. Aber je und dann findet sie Anlass auszubrechen. Und dann beherrscht und besitzt sie unser ganzes Wesen. Das kann geschehen, wenn die Zukunft uns Not macht.

Ich erinnere mich, wie diese würgende Angst über mich kam, während Hitlers Regierung, wenn so ein kleines, unscheinbares Schreiben in meine Hand gelangte von der Geheimen Staatspolizei: »Sie haben sich am nächsten Dienstag morgens um 8 Uhr einzufinden zu einer Verhandlung in eigener Sache.« Das hatte so manches Mal Verhaftung bedeutet. Man wusste dann nicht, um was es ging. Man sah nur die unendlich feindselige Staatsmacht, die wie Polypenarme nach einem griff.

Nun, es macht jeder seine Zukunftsängste durch. Darum ist es so wichtig, dass wir auf unsere Geschichte achten. Als Jakob bei Sonnenaufgang zu den Seinigen geht, jauchzt sein Herz. Die Angst ist geschwunden. »Meine Seele ist genesen.« Dabei ist die äußere Lage gar nicht geändert. Es ist nach wie vor so, dass Esau drohend mit den 400 Mann heranrückt.

Wie ist es möglich, dass bei dem Jakob die Angst so völlig geschwunden ist? Jesus ist ihm begegnet und hat ihn gesegnet. Jesus hat sein Herz ganz und gar eingenommen. Nun ruht er in der Gnade Jesu wie ein Kind in Mutterarmen. Es ist derselbe Jesus, der uns sagt: »Den Frieden lasse ich euch. Meinen Frieden gebe ich euch. Nicht gebe ich euch, wie die Welt gibt. Euer Herz erschrecke nicht und fürchte sich nicht.«

Ein Mann, der vor Gott Angst hat

Kehren wir zurück zum Anfang der Geschichte. Es ist Nacht. Unheimlich rauscht der Fluss. Und wie ein rauschender Fluss strömt die Angst auf den Jakob zu.

Es geht nicht nur um Esau. Es geht um eine viel größere Not. Jakob ist ein Mann, der einmal die »Freude am Herrn« gekannt hat. Wie hat das Wort »Ich will dir wohltun« ihn Jahre hindurch begleitet! Wie war sein Leben getragen von der Gnade des Herrn!

Aber nun ist das alles verschwunden. Der Herr Jesus tritt als sein Feind auf. Es heißt hier: »Es rang ein Mann mit ihm.« Wir können uns vorstellen, was da geschah. In jener Nacht standen vor dem Jakob alle seine Sünden auf. Der Herr selbst hielt sie ihm vor. Der Herr selbst behandelte jetzt den Jakob wie einen Feind. Der Herr wird ihm gesagt haben: »Geh nur hier weg aus deiner Einsamkeit und geh hin zu deinen großen Herden, an denen ja dein Herz hängt. Dein Reichtum ist dir längst wichtiger als meine Gnade. Wie könnte es auch anders sein bei einem Menschen, der sich den Erstgeburtssegen mit List erschlichen hat, weil er nicht warten konnte, bis der Herr selber ihn ihm gab. Geh nur dem schrecklichen Esau entgegen! Du hast es verdient, was dir da droht. Ich bin dir lange gnädig gewesen. Aber jetzt ist meine Geduld erschöpft.«

Der arme Jakob! Die Verheißungen des Herrn sind da, aber er kann sie nicht mehr für sich in Anspruch nehmen. Die herrlichen Erfahrungen mit der Himmelsleiter und den Engelheeren sind wie weggewischt. Ausgerechnet in dieser Nacht, wo äußerlich alles über ihm zusammenbrechen will, kommt das Gericht des Herrn über ihn.

Das ist die schreckliche Angst, die ein Christenherz überkommen kann: »Der Herr hat mich verlassen. Der Herr hat mich verworfen. Meine Sünde ist größer, denn dass sie mir vergeben werden könnte!«

Doch in dieser schrecklichen Anfechtung tut Jakob genau das Richtige: Er lässt den Herrn nicht los. Und als der Herr seine Hüfte anrührt, dass sie über dem Ringen verrenkt wird, da hängt er sich dem Herrn einfach an den Hals und sagt: »Ich lasse dich nicht, du segnest mich denn.«

Das ist die eigentliche und tiefste Christenerfahrung: Vor dem Gericht des Herrn gibt es nur eine einzige Zuflucht – nämlich bei dem Herrn selber – bei dem Herrn, der unsere Sünde hinaufgetragen hat an das Kreuz.

Der große Ausleger Gottfried Daniel Krummacher sagt in einer Predigt über diese Geschichte: »Wie wird sich der Herr Jesus gefreut haben, als sich Jakob ihm an den Hals hängte und sagte: ›Ich lasse dich nicht!‹« Und dann fährt Krummacher fort: »Solch ein Vertrauen hätte ja Jakob gar nicht aufbringen können, wenn es der Herr nicht selbst in ihm gewirkt hätte. Und so freute sich Jesus, wie der Glaube, den er in Jakob wirkte, mächtig wurde.«

Vor solchem Glauben gibt der Herr sich geschlagen und sagt: »Du hast mit dem Gottmenschen gekämpft und bist obgelegen.«

Ein Mann, dem seine Einsamkeit Not macht

»Und er blieb allein.«

Gewiss, Jakob hätte es nicht nötig gehabt, allein zu sein. Er hatte viele treue Knechte. Er hatte Frauen und Kinder. Die hatte er selber weggebracht.

Das gehört gerade zu der Anfechtung der Angst, dass da kein Mensch uns beistehen kann. Was hätten ihm seine Angehörigen auch sagen können in dieser Stunde? Ja, wenn er mitten unter Menschen gestanden hätte, wäre er doch allein gewesen. Es läuft manch einer durch belebte Großstadtstraßen, wo es von

Menschen wimmelt, – und ist doch todeinsam mit seiner Angst.

Jakobs Herz schrie nach einem Menschen – und doch konnte er Menschen jetzt nicht brauchen. Das klingt paradox und ist doch die Erfahrung, die wir immer wieder machen.

Aber dem Jakob wurde geholfen. Als die Sonne aufging, sah sie einen glücklichen Mann, der bekannte: »Meine Seele ist genesen.«

Wie gesegnet sind solche Stunden, wo unser einsames Herz mit dem Herrn allein ist! Auch wenn der Herr sich zuerst als Feind stellte – Jakob war doch nicht mehr allein. Der Herr war da. Jesus-Jünger versinken nicht in der Einsamkeit. Sie erfahren: »Ich bin bei euch alle Tage, bis an der Welt Ende.«

Aber wir wollen noch auf Folgendes hinweisen: Jakob wäre verloren gewesen, wenn er hier nur einen allgemeinen Gottesglauben gehabt hätte. Der Sohn war es, der ihn errettete. Jesus ist der von Gott gesandte Helfer in der Angst der Einsamkeit!

Jakob hat auch dem Herrn nicht nur ein dumpfes Sehnen entgegengebracht, sondern ein klares Gebet um Errettung. Nichts gegen schöne agendarische Gebete! Aber ein Herz ist verloren, das sich nicht dem Herrn an den Hals werfen und zu ihm schreien kann wie Jakob.

Und auch das ist wichtig: in dieser Stunde halfen dem Jakob nicht die Erinnerungen an frühere Durchhilfen. Unser Leben braucht die beständige neue Erfahrung der Gnade des Herrn.

Wohl uns, wenn aus allen dunklen Nächten am Ende das Bekenntnis herauskommt: »Meine Seele ist genesen.« »Ich lag in tiefer Todesnacht, / du wurdest meine Sonne.«

Der massive Generalsturm

1.Mose 39,7-18:
Und es begab sich nach dieser Geschichte, dass seines Herrn Weib ihre Augen auf Joseph warf und sprach: Schlafe bei mir! Er weigerte sich aber und sprach zu ihr: Siehe, mein Herr nimmt sich keines Dinges an vor mir, was im Hause ist, und alles, was er hat, das hat er unter meine Hände getan, und hat nichts so Großes in dem Hause, das er vor mir verhohlen habe, außer dir, indem du sein Weib bist. Wie sollte ich denn nun ein solch groß Übel tun und wider Gott sündigen? Und sie trieb solche Worte gegen Joseph täglich. Aber er gehorchte ihr nicht, dass er nahe bei ihr schliefe noch um sie wäre. Es begab sich eines Tages, dass Joseph in das Haus ging, sein Geschäft zu tun, und war kein Mensch vom Gesinde des Hauses dabei. Und sie erwischte ihn bei seinem Kleide und sprach: Schlafe bei mir! Aber er ließ das Kleid in ihrer Hand und floh und lief zum Hause hinaus. Da sie nun sah, dass er sein Kleid in ihrer Hand ließ und hinaus entfloh, rief sie das Gesinde im Hause und sprach zu Ihnen: Sehet, er hat uns den hebräischen Mann hereingebracht, dass er seinen Mutwillen mit uns treibe. Er kam zu mir herein und wollte bei mir schlafen; ich rief aber mit lauter Stimme. Und da er hörte, dass ich ein Geschrei machte und rief, da ließ er sein Kleid

bei mir und floh und lief hinaus. Und sie legte sein Kleid neben sich, bis sein Herr heimkam, und sagte zu ihm ebendieselben Worte und sprach: Der hebräische Knecht, den du uns hereingebracht hast, kam zu mir herein und wollte seinen Mutwillen mit mir treiben. Da ich aber ein Geschrei machte und rief, da ließ er sein Kleid bei mir und floh hinaus.

Ein glücklicher junger Mann

Unsere Geschichte handelt von Joseph, dem Sohn des Jakob. Das erste, was wir von diesem jungen Mann hören, ist, dass sein Vater eine besondere Liebe zu ihm hatte. Und dann wird erzählt, er habe mit seinem Vater besprochen, »wo ein böses Geschrei gegen seine Brüder war«. Man hat aus diesen Stellen eine Altersschwäche bei Jakob herauslesen wollen und einen moralischen Hochmut des Joseph. Ich bin überzeugt, dass das ein gewaltiges Missverständnis ist. Jakob war ein geisterfüllter Knecht Gottes. Joseph war damals der einzige von seinen Söhnen, der in den Fußstapfen des Vaters ging. Kein Wunder, dass zwischen ihnen eine besondere Verbundenheit herrschte und dass sie gemeinsam trauerten um die Abwege der anderen Söhne Jakobs.

Aus seinem Geborgensein beim Vater wurde Joseph rau herausgerissen durch seine Brüder.

Er wurde als Sklave nach Ägypten verkauft und gelangte in das Haus eines reichen und hochgestellten Ägypters, Potiphar. Es muss etwas Besonderes um diesen jungen Freund Gottes gewesen sein; denn Potiphar vertraute ihm allmählich sein ganzes Hauswesen und alle seine Geschäfte an.

So können wir von Joseph das Paradoxe sagen: Er war sehr unglücklich als ein Sklave, der aus dem Vaterhaus gerissen war – und er war sehr glücklich, weil er ein Freund Gottes war. Unsere Textgeschichte beginnt mit den Worten: »Und der Herr war mit Joseph, dass er ein glücklicher Mann ward.« Und gleich nach unserer Textgeschichte, wo wir den Joseph in noch größerem Elend finden, heißt es wiederum: »Aber der Herr war mit ihm und neigte seine Huld zu ihm.«

Die Antenne

Joseph lebte in einer völlig heidnischen Umgebung. Es ist einfach wunderbar, dass dieser junge Mann trotzdem so unbeirrt seinen Weg ging. Das hatte seinen Grund. Er hatte eine Antenne für die Stimme Gottes: das wache Gewissen.

Die heidnische Umwelt fragte damals und fragt heute nur so: »Was bringt mir Lust? Und was bringt mir Nutzen?« Gottes Kinder aber haben eine andere Richtschnur für ihr Leben. Ihr Gewissen fragt: »Was will Gott von mir?« Man kann sein Gewissen betäuben und abtöten. Man kann sich auch nicht auf sein Gewissen allein verlassen; denn das kann schrecklich irren. Ich denke daran, wie in vergangener Zeit die fürchterlichsten Dinge getan wurden unter der Parole: »Ich muss doch meine Pflicht tun.« Da sprach das irrende Gewissen.

Gottes Kinder haben ihr Gewissen gebunden an Gottes Wort und Willen. Luther hat erklärt: »Mein Gewissen ist gefangen in Gottes Wort.« So hätte schon Joseph sagen können. Und nur wo es so steht, kann man seinen Weg durch diese Welt finden.

Wie wichtig ist es für wiedergeborene Gotteskinder, dass sie ihr Gewissen in Ordnung halten: dass sie nicht mit einer klar erkannten Sünde Frieden schließen; dass sie vor dem Herrn täglich ihre Sünden bekennen und sich im Blute Jesu reinigen lassen. So ein versöhntes Gewissen bringt Friede und Freude im Heiligen Geist.

Der massive Generalsturm

Satan fürchtet die Leute mit dem zarten Gewissen, das an Gottes Wort gebunden ist; denn sie sind die eigentlichen Repräsentanten des Reiches Gottes auf Erden. Sie richten mit ihrem ganzen Leben ein Zeichen auf dafür, dass es einen schmalen Weg zum Leben gibt. Sie schwimmen gegen den Strom und erinnern daran, dass Gott wirklich lebt. Darum versucht Satan ganz massiv, sie dazu zu überreden, gegen ihr Gewissen zu handeln.

Es ist interessant, dass Satan hier gar nicht zart und vorsichtig vorgeht, wie etwa bei der Versuchung Jesu, wo er mit Bibelsprüchen kommt. Er wendet sich ganz brutal an die Neigungen der gefallenen Natur. Dabei hat er einige Spezialgebiete: das Geld, damit hat er Achan und Ananias zu Fall gebracht; den Alkohol und die Sucht nach Betäubung, damit hat er den Noah angefochten; die Sexualität und das Triebleben, damit versucht er es hier bei Joseph, damit hat er den David in große Not gebracht; und den Krach mit dem Nächsten, der zu unserer Übung neben uns steht. Sogar Paulus und Barnabas kamen aneinander. Und von den Jüngern wird erzählt, dass sie zankten, wer der Größte unter ihnen sei.

Satan macht einen Generalsturm auf die Gläubigen, um sie zu Fall zu bringen. Aber seine Absicht dabei ist, sie im Fall festzuhalten und sie zu zwingen, gegen ihr Gewissen weiterzuleben. Wie viele Menschen, ja auch wie viele Christen leben so.

Die Gefährlichkeit des Angriffs

Die Frau des Potiphar sagt hemmungslos zu Joseph: »Schlafe bei mir.« Dieser massive Angriff ist darum so gefährlich, weil er auf einen Vulkan im Herzen trifft. Der Herr Jesus hat gesagt - und er ist der, von dem geschrieben steht: »Er wusste wohl, was im Menschen ist«: »Denn von innen, aus dem Herzen der Menschen, gehen heraus böse Gedanken: Ehebruch, Hurerei, Unzucht ...«

Man könnte fast sagen, wenn es keinen Heiland gäbe: Satan bringt die Kinder Gottes durch solch einen Angriff so oder so zu Fall. Entweder geben sie dem Ansturm nach wie David und kommen in große Gewissensnot. Oder es kommt zu einer »Verdrängung«, von der die Psychologen heute viel zu sagen wissen.

Wir wissen alle von solchen Angriffen Satans. Und wir wissen, dass er neben dem massiven Angriff sehr feine Entschuldigungen an die Hand gibt. Etwa die, dass man ja unter der Gnade und nicht unter dem Gesetz stehe. Oder man erklärt, Gott habe einem nun einmal einen schwachen und labilen Charakter gegeben. Und wem wenig gegeben sei, von dem werde ja auch wenig gefordert.

Wie Joseph geholfen wurde

Ich bin überzeugt, dass diese Stunde der Anfechtung für Joseph sehr hart war. Er lebte in einer Welt, in der man den Ehebruch nicht schwer nahm und in der die Sünde auf geschlechtlichem Gebiet gewissermaßen normal war. Und wir haben eine fatale Neigung, uns der Umwelt anzupassen, wenn es uns angenehm ist. Dazu kam, dass Joseph ein junger Mann war, der etwas wusste von der Not des Triebes. Und nun stand hier eine gepflegte, elegante junge Frau vor ihm, die ihm offenbar mit leidenschaftlicher Liebe zugetan war. Ja, man sollte wirklich denken, dass dieser einsame junge Mann diesem massiven Generalangriff Satans erliegen musste.

Doch nun erlebt er das Wunder der Gnade, dass es nicht geschieht. Später heißt es von Joseph: »Der Herr war mit ihm und neigte seine Huld zu ihm.« Nun, dies Wort könnte ebensogut mitten in unserer Textgeschichte stehen. Denn es ist wirklich Gnade Gottes, wenn er uns in solchen Anfechtungsstunden bewahrt. Ja, wir wollen hier einfügen, dass es sicherlich ganz besonders gefährliche Tage in unserem

Leben gibt. Im 6. Kapitel des Epheserbriefes, wo der Paulus die Christen ermahnt, die volle Glaubensrüstung anzuziehen, sagt er: »...auf dass ihr an dem bösen Tage Widerstand tun und alles wohl ausrichten und das Feld behalten möget.« Solch einen »bösen Tag« erlebt Joseph. Aber der Herr hat ihn gerüstet mit dem »Schild des Glaubens« und dem »Helm der Hoffnung zur Seligkeit«. Und so bleibt er Sieger. Wir würden allerdings besser sagen: So bleibt der Herr Sieger in Joseph.

Wir wollen gut darauf achten, wie Joseph der Frau antwortet. Er schilt sie nicht: »O du schlechtes Weib!« Er setzt sich nicht auf einen moralischen Richterthron. Er lässt es geradezu offen, ob die Anfechtung ihn nicht auch bis ins Herz getroffen hat. Er sagt: »Wie sollte ich denn nun ein solch groß Übel tun und wider Gott sündigen?«

Hier sind drei Dinge wichtig.

a) Er nennt das, was so verlockend aussieht, Sünde. Er setzt dem brutalen Angriff Satans ebenso brutal das Wort »Sünde« entgegen. Er macht aus der versuchlichen Stunde nicht ein Schäferidyll, sondern er nennt die *Sache mit dem Namen, den Gott ihr gegeben hat: Sünde.*

b) Er stellt sich in das helle Licht des gegenwärtigen Gottes.

Es wird hier offenbar, dass Joseph sich darin eingeübt hat, vor Gottes Augen zu wandeln. Es ist mir immer ein wenig gefährlich vorgekommen, wenn man Kinder das Lied lernen ließ: »In dem Himmel ferne …« Die Bibel sagt nicht so. Sie sagt: »Er ist nicht ferne von einem jeglichen unter uns.« Und: »Von allen Seiten umgibst du mich.« Das hat Joseph gewusst. Und weil er sich darin eingeübt hat, vor den Augen dieses nahen Gottes zu leben, konnte er diese Stellung in der Stunde der Anfechtung behalten.

c) Er spricht den Namen des geoffenbarten Gottes aus.
Für uns ist dies der Name »Jesus«. Es ist eine Erfahrung, die Christen immer wieder gemacht haben, dass das bloße Nennen des Namens »Jesus« den Angriff Satans abstoppte. Er erträgt diesen Namen nicht. Das Aussprechen dieses Namens schafft eine neue Atmosphäre.

Die Zermürbung

Unsere Väter sagten: »Und ist ein Kampf wohl ausgericht', das macht's noch nicht…« In unserem Text heißt es: »Und die Frau trieb solche Worte gegen Joseph täglich.«

Was Satan beim Generalsturm nicht erreicht, versucht er oft durch Zermürbung zu gewinnen. Jesus-Jünger müssen die Strategie des

Feindes kennen. Gegen diese Zermürbung hilft nur ein Leben im Wort Gottes und ein regelmäßiges Beten.

Die Flucht

Satan versucht noch einmal einen massiven Generalangriff auf Josephs Gewissen. Das war in jener schwülen Stunde, wo die Frau nach seinem Gewand griff. Hier hat Joseph es gehalten nach dem Wort Salomos: »Fliehe vor der Sünde wie vor einer Schlange.« Paulus sagt: »Fliehe die Lüste der Jugend.«

Dieser letzte Schritt hat die Liebe der Frau in glühenden Hass verkehrt und Joseph in schreckliche äußere Not gebracht. Aber eben da heißt es: »Aber der Herr war mit ihm und neigte seine Huld zu ihm.« Und diese Huld ist für Kinder Gottes immer sehr viel mehr wert als die Huld der Welt.

Ein geplagter Mann

4.Mose 20,2-12:

Und die Gemeinde hatte kein Wasser, und sie versammelten sich wider Mose und Aaron. Und das Volk haderte mit Mose und sprach: Ach, dass wir umgekommen wären, da unsere Brüder umkamen vor dem Herrn! Warum habt ihr die Gemeinde des Herrn in diese Wüste gebracht, dass wir hier sterben mit unserem Vieh? Und warum habt ihr uns aus Ägypten geführt an diesen bösen Ort, da man nicht säen kann, da weder Feigen noch Weinstöcke noch Granatäpfel sind und dazu kein Wasser zu trinken? Mose und Aaron gingen von der Gemeinde zur Tür der Hütte des Stifts und fielen auf ihr Angesicht, und die Herrlichkeit des Herrn erschien ihnen. Und der Herr redete mit Mose und sprach: Nimm den Stab und versammle die Gemeinde, du und dein Bruder Aaron, und redet mit dem Fels vor ihren Augen; der wird sein Wasser geben. Also sollst du ihnen Wasser aus dem Fels bringen und die Gemeinde tränken und ihr Vieh. Da nahm Mose den Stab vor dem Herrn, wie er ihm geboten hatte. Und Mose und Aaron versammelten die Gemeinde vor den Fels, und er sprach zu ihnen: Höret, ihr Ungehorsamen, werden wir euch auch Wasser bringen aus diesem Fels? Und Mose hob seine Hand auf und schlug den Fels mit dem Stab zweimal. Da ging viel Wasser heraus, dass die Gemeinde trank und ihr Vieh. Der Herr aber sprach zu Mose und Aaron: Darum dass ihr nicht an mich geglaubt habt, mich zu heiligen vor den Kindern Israel, sollt ihr diese Gemeinde nicht in das Land bringen, das ich ihnen geben werde.

Das war zu viel!

Immer wieder muss man sich wundern, was die Bibel für ein aufrichtiges Buch ist, dass sie mehr von den Sünden der Kinder Gottes als von den Sünden der Heiden spricht.

Was ist denn da geschehen? Israel war vom Herrn durch eine herrliche Erlösung aus Ägypten geführt worden. Und nun war das Gottesvolk auf dem Weg nach Kanaan. Hinter ihm lag die herrliche Erlösung, vor ihm lag ein wundervolles Ziel. Genau das ist auch die Lage der neutestamentlichen Gemeinde. Hinter uns liegt die wundervolle Erlösung, die auf Golgatha geschehen ist. Vor uns liegt das himmlische Kanaan. Dazwischen liegt die Wanderung durch die Wüste.

Sollte Gottes Volk auf dieser Wanderung zwischen Erlösung und Ziel nicht erfüllt sein von himmlischem Glanz? Ja, so sollte es sein!

Aber es ging bei Israel, wie es bei uns geht: Auf dieser Wanderung wird dem Herrn und

Erlöser viel, viel Schande gemacht! Und der Mann, durch den Gott das alttestamentliche Volk führte, war über all dem ein geplagter Mann.

Wieder einmal musste Mose erleben, dass eine Not Israel völlig aus der Bahn warf. Sie hatten kein Wasser. Und nun murrten sie. Da ging Mose mit seinem Bruder Aaron zur Stiftshütte. Dort fielen sie vor dem Herrn auf ihr Angesicht. »Und die Herrlichkeit des Herrn erschien ihnen.« Der Herr befahl Mose: »Nimm deinen Stab und rede mit dem Fels vor den Augen der Gemeinde. Er wird sein Wasser geben.«

Als die Gemeinde versammelt war, packte den Mose der Zorn. Und er schrie das Volk an: »Werden wir auch Wasser bringen aus diesem Fels?« Und dann schlug er zweimal auf den Fels ein. Der Felsen gab sein Wasser. Und Israel konnte seinen Durst stillen.

Dem Mose aber sagte der Herr: »Weil du mich nicht geheiligt hast vor den Kindern Israel, sollst du diese Gemeinde nicht in das Land bringen, das ich ihnen geben will.«

Ein geplagter Mann

Es wird uns in der Bibel bezeugt, dass der Mose ein besonderer Freund Gottes war. Das zeigte sich nun nicht darin, dass der Herr ihn leichte Wege führte, sondern erstaunlicherweise dadurch, dass der Herr besonders viel auf ihn legte.

Israel litt Durst in der Wüste. Durst ist eine furchtbare Qual. An dieser Not hat Mose bestimmt teilgehabt.

Wir wissen alle, wie es unsere Soldaten empört hat, wenn sie an der Front Hunger und Durst leiden mussten, während in den höheren Stäben alles in Hülle und Fülle vorhanden war. Es gibt ein böses Wort im Deutschen: die »Bonzen«. Damit will man sagen: »Die, die uns leiten, tragen ja unsere Not nicht mit.«

Mose, der Freund Gottes, war bestimmt kein »Bonze«. Und wenn Israel Durst hatte, dann hat Mose vor allen andern diese Not getragen.

Aber ihm war darüber hinaus noch mehr auferlegt als der übrigen Gemeinde des Herrn: Die Not machte die Gemeinde unwillig. Und aus dem Unwillen kam sie in Torheit. Und all dies törichte Schimpfen traf Mose, den Freund Gottes.

Im kleinen Maß haben wir Christen das sicher auch erlebt.

Wir mussten zum Beispiel die Bombenangriffe im Ruhrgebiet genauso notvoll durchstehen wie alle anderen Menschen. Aber außerdem traf uns all das lästerliche Reden: »Wie kann Gott das zulassen?«

So wird es immer sein. Die Kinder Gottes tragen nicht nur die Not der Welt mit, sondern sie sind auch wie Prellböcke zwischen den Herrn und die Lästerungen der Menschen gestellt. Und wer in der Gemeinde des Herrn ein Amt hat, der muss – was besonders schwer ist – die Torheiten in der Gemeinde auch mittragen.

Torheit in der Gemeinde des Herrn

Im 4. Mosebuch wird uns das Reden des Volkes ausführlich erzählt. Es lohnt sich schon, das näher zu betrachten.

Da ist zunächst ein törichter Wunsch: »Ach dass wir umgekommen wären, da unsere Brüder umkamen vor dem Herrn.«

Es ist wirklich ein törichter Wunsch. Denn, wenn die Gefahr war, dass sie umkamen, haben sie verzweifelt ihr Leben zu retten versucht.

Ich hörte von einer lieben alten Christin, die immer seufzte: »Ach, wenn ich doch daheim wäre beim Herrn!« Als sie eines Tages Lungenentzündung bekam und ihre Kinder sagten: »Mutter, nun wird dein Wunsch erfüllt, dass du heimgehen darfst« – da rief sie verzweifelt: »Aber nicht an dieser Lungenentzündung!!«

Der Wunsch wird nicht klüger dadurch, dass sogar Propheten wie Jeremia oder Jona ihn aussprachen. Wohl sollten die Jesusjünger eine große Sehnsucht nach dem himmlischen Kanaan haben. Aber sie sollten auch wirklich lernen: »Meine Zeit steht in deinen Händen.«

Weiter sehen wir in den Worten des Volkes eine Verachtung der Gerichte Gottes: »... da unsere Brüder umkamen vor dem Herrn.«

Sie denken an die Söhne Aarons, die der Herr schlug, weil sie falsches Räuchwerk geopfert hatten. Sie denken an den Untergang der Rotte Korah, die gegen das von Gott geordnete Hohepriestertum meuterte. Sie denken an die vielen, die umkamen, als sie gegen Gottes Willen nach Kanaan eindringen wollten. Sie wissen genau, dass dies alles Gerichte des Herrn waren. Ja, sie sprechen es selber aus mit dem Wörtlein »vor dem Herrn«. Und doch scheint ihnen dieser Tod jetzt erstrebenswert. Damit machen sie deutlich, wie wenig furchtbar ihnen Gottes Gerichte sind.

Auch das ist unter Kindern Gottes heute weit verbreitet, dass die Furcht Gottes verlorengegangen ist. Wer fürchtet sich denn noch vor der Hölle?

Ferner sehen wir in den Worten Israels eine völlige Verkennung der Tatsachen. Sie sagen

zu Mose und Aaron: »Warum habt ihr die Gemeinde des Herrn in diese Wüste gebracht?«
Als wenn Mose und Aaron das getan hätten! Sie wussten doch genau, dass der Herr sie aus Ägyptenland geführt hatte. Wie verachteten sie hier die Führung des Herrn.

Geht es nicht auch uns oft so? Als ich einst um meines Glaubens willen ins Gefängnis kam, habe ich ein paar Tage lang innerlich gewütet gegen die Ungerechtigkeit der Menschen, die mir dies antaten. Erst als ich in der Bibel las, dass ohne den Willen unseres himmlischen Vaters kein Haar von unserem Haupte fällt, lernte ich wieder glauben, dass nicht Menschen mich in diese Lage gebracht hatten, sondern der Herr.

Wir machen uns viel Not, wenn wir Menschen anklagen, wo wir es doch mit dem Herrn zu tun haben.

Weiter: In der Rede Israels sehen wir eine schreckliche Verachtung der Verheißungen: »Warum habt ihr uns in diese Wüste gebracht, dass wir hier sterben?«

Der Herr hatte ihnen deutlich gesagt, dass er sie durch die Wüste nach Kanaan führen wolle. Nicht zum Sterben sollte es gehen, sondern zur Heimat.

Wie verzerrt sich alles, wenn Kinder Gottes

die Verheißungen des Herrn aus den Augen verlieren.

Und zum Schluss: Sie erklären: »Warum habt ihr uns aus Ägypten geführt an diesen bösen Ort, da weder Feigen noch Weinstöcke noch Wasser sind?« Welch eine Vergesslichkeit!

War die Wüste nicht der Ort, wo der Herr sich herrlich bezeugt hatte unter seinem Volk? Wo er ihnen geholfen hatte gegen Feinde? Wo er sie führte auf ungebahnten Wegen? Wo er sie wunderbar ernährte?

Nicht umsonst heißt es in einem Psalm: »Vergiss nicht, was er dir Gutes getan hat!«

An all diesen Torheiten hatte Mose keinen Anteil. Um so schwerer war es für ihn, diese Torheiten zu ertragen.

Hier ist noch alles klar

Mose antwortet nichts auf all die Reden, die ihn quälen. Er geht ins Heiligtum und wirft sich vor dem Herrn auf sein Angesicht. Das ist wirklich eine geistliche Haltung. Wie viel Not machen wir uns oft dadurch, dass wir auf Anwürfe oder törichte Reden vorschnell antworten, dass wir uns selbst und Gott verteidigen wollen.

Von Hiskia wird erzählt: Als der König von Babel ihm einen schrecklichen Drohbrief schrieb, ging er in den Tempel und breitete den Brief vor dem Herrn aus.

Beim Militär war eine feste Regel, dass ein Soldat sich erst nach 24 Stunden beschweren durfte. Christen sollten auch immer 24 Stunden haben – nicht um eine Sache zu überlegen, sondern um sie vor dem Herrn auszubreiten. Dass wir doch hier von Mose lernen wollten!

Die böse Stunde

Nun tritt Mose im Auftrag des Herrn vor das Volk. Er steht vor dem Felsen. In der Hand hält er den Stab Gottes. Wenn er doch hier nur auf den Herrn und seinen Auftrag gesehen hätte! Statt dessen sieht er in die wütenden, verzagten und verbissenen Gesichter des Volkes. Und da geschieht es! Die Nerven reißen ihm. Statt den Trost zu verkünden, wie der Herr ihm gesagt hat (»Der Felsen wird euch Wasser geben!«), hält er dem Volk gleichsam seine Sünde vor in einem Augenblick, wo er keinen Auftrag dafür hat: »Ihr Ungehorsamen! Wird auch der Herr Wasser geben?« Dann reißt ihn der Zorn fort, und er schlägt auf den Felsen ein.

Das alles ist so verständlich. Wir kennen solche Stunden, wo die Nerven reißen. Und doch ist es schlimm, wenn ein Kind Gottes nicht mehr vom Geist Gottes regiert wird, sondern von seinen Nerven, von seinem Zorn, von seinem Ärger. Das ist Sünde! Und Mose muss erfahren, dass der Herr es als Sünde ansieht.

Das Gericht

In seinem Amt hat Mose gesündigt. Und nun besteht Gottes Gericht darin, dass er dieses Amt nicht zu Ende bringen darf. Er darf Israel nicht nach Kanaan bringen. Er stirbt an der Grenze des verheißenen Landes. Wie hart ist das! Es zeigt uns unüberhörbar, dass der Herr die Sünden seiner Kinder sehr ernst nimmt.
Und doch: Gerade an dieser Stelle leuchtet die Botschaft vom Kreuz Jesu auf, in dem wir Vergebung der Sünden haben dürfen. Im Neuen Testament heißt es: »Der geschlagene Fels war Christus.« Wir möchten hier nicht auf die großen Geheimnisse dieses Wortes eingehen, sondern nur darauf hinweisen. Kinder Gottes sind es, die den Heiland immer wieder neu kreuzigen. Aber Kinder Gottes dürfen am Kreuz den Ort finden, wo man von Herzen Buße tun kann und wo man Gnade findet!

»Hat er mich gemeint?«

Richter 6,36-40:
Und Gideon sprach zu Gott: Willst du Israel durch meine Hand erlösen, wie du geredet hast, so will ich ein Fell mit der Wolle auf die Tenne legen. Wird der Tau auf dem Fell allein sein und die ganze Erde umher trocken, so will ich merken, dass du Israel erlösen wirst durch meine Hand, wie du geredet hast. Und es geschah also. Und da er des andern Morgens früh aufstand, drückte er den Tau aus vom Fell und füllte eine Schale voll des Wassers. Und Gideon sprach zu Gott: Dein Zorn ergrimme nicht wider mich, dass ich noch einmal rede. Ich will's nur noch einmal versuchen mit dem Fell. Es sei allein auf dem Fell trocken und Tau auf der ganzen Erde. Und Gott tat also dieselbe Nacht, dass es trocken war allein auf dem Fell und Tau auf der ganzen Erde.

Vor einer großen Aufgabe

Jahrelang wurde das Volk Israel durch die heidnischen Midianiter übel gequält. Jedes Mal, wenn sie gerade die Ernte vollendet hatten, fielen diese mächtigen Stämme mit großer Heerschar ins Land, plünderten und raubten und ließen Israel in großem Elend zurück.

Die Bibel sagt uns ganz klar, dass dieser Jammer einen tiefen Grund hatte: »Die Kinder Israel taten übel vor dem Herrn. Darum gab sie der Herr unter die Hand der Midianiter.«

Nachdem der Herr lange geschwiegen hat, greift er ein. Er macht es, wie er es auch noch heute tut, wenn er seinem Volk aufhelfen will. Er beruft einen einzelnen Mann.

Es ist merkwürdig, dass der Herr nicht einen der großen oder klugen Leute in Israel beruft, sondern den Bauernsohn Gideon. Der sagt von sich selber: »Siehe, meine Freundschaft ist die geringste in Manasse, und ich bin der Geringste in meines Vaters Hause.« Es gilt hier die Regel, die der Apostel Paulus im 1. Korintherbrief ausspricht: »Was töricht ist vor der Welt, das hat Gott erwählt, dass er die Weisen zuschanden mache; und was schwach ist vor der Welt, das hat Gott erwählt, dass er zuschanden mache, was stark ist; und das unedle vor der Welt und das Verachtete hat Gott erwählt und das da nichts ist, auf dass er zunichte mache, was etwas ist, auf dass sich vor ihm kein Fleisch rühme.«

Der Gideon also bekommt den Auftrag: »Du sollst die Midianiter schlagen wie einen einzelnen Mann.« Da stand dieser junge Mann nun vor der unermesslich großen Aufgabe. Wie eine unübersteigbare Mauer lag sie vor ihm. In derselben Lage waren die lieben Apostel, als der Herr Jesus ihnen befahl: »Gehet hin in alle Welt und predigt das Evangelium aller Kreatur.«

Und in solche Lage werden auch wir je und dann gestellt. Da sind Aufgaben, für die unsere Kräfte und unser Verstand zu klein sind. Da sind Aufträge, vor denen uns graut.

Nun hatte der Gideon allerdings eine wundervolle Verheißung bekommen: »Ich will mit dir sein.« Mit dieser Verheißung kann man wie David sprechen: »Mit meinem Gott kann ich über die Mauern springen.«

Die Anfechtung

Mit großer Freudigkeit hat Gideon die Sache begonnen. In kurzer Zeit hat sich eine Heerschar um ihn gesammelt. Aber dort im Heerlager kommt die Stunde der Anfechtung.

Von zwei Seiten her kommt die Anfechtung auf Gideon zu.

1. Sein Gewissen wird unruhig und fragt: »Bist du denn ganz sicher, dass der Herr auf deiner Seite steht und dass du auf seiner Seite bist?«

Ich denke mir, dass der Teufel ihm in dieser Stunde alle möglichen Dinge aus seiner Vergangenheit vorgehalten hat. Waren nicht in seines Vaters Haus zwei große Götzenbilder gewesen? Hatte sich der junge Mann nicht auch an diesem Götzendienst befleckt? Und als der Herr ihm befohlen hatte, er solle die Götzenbilder umstürzen, da hatte er sich vor den Menschen gefürchtet und den Befehl heimlich bei Nacht ausgeführt.

Da wird der Teufel wohl hohnlachend gesagt haben: »Mein lieber Gideon, das ist gar nicht sicher, ob unter solchen Umständen der Herr noch mit dir ist! Wie oft hat er von seinem unauslöschlichen Zorn gegen alles heidnische Wesen gesprochen! Woher in aller Welt willst du wissen, dass sein Zorn nicht über dir ist?«

Tersteegen hat das in einem Liedvers wundervoll ausgesprochen, was im Herzen des Gideon vorgeht: »Wenn mein Gewissen zagen will / vor meiner Sündenschuld …«

So kann Gideon nicht weitermachen. Er muss wissen, ob er auf die Seite des Herrn gehört. Er muss es ganz gewiss wissen, ob seine Sünden vergeben sind. Das ist sehr wichtig für uns.

Die Gemeinde des Herrn besteht ja nicht aus Leuten mit »religiösen Gefühlen«. Sie besteht aus Leuten, die sein Eigentum sind und es auch wissen. Man muss es bis zum Schwören gewiss wissen, ob man mit Gott in Ordnung ist. Sehen wir nur einmal das Neue Testament an! Von der Pfingstpredigt des Petrus an spielt das Wörtlein »gewiss« eine ganz große Rolle im Zeugnis der Apostel. Erst dann steht es richtig mit einem Menschen, wenn er durch den gläubigen Aufblick auf das Kreuz Jesu Christi und durch das Zeugnis des Heiligen Geistes völlige Heilsgewissheit gefunden hat. Nur der kann den Dienst Gottes richtig ausrichten, der bekennen kann: »So gewiss wie die Sonne am Himmel dort prangt, / so gewiss hab ich Sünder Vergebung erlangt.«

2. Noch eine andere Anfechtung kommt auf den Gideon zu. Er wird auf einmal unsicher, ob ausgerechnet er diesen Kriegszug führen soll. Kinder Gottes können große Aufgaben, welcher Art sie auch seien, nur dann getrost anpacken, wenn sie ganz gewiss wissen: Der Herr hat mir diese Aufgabe gestellt.

Es gibt eine feine Geschichte von dem bedeutenden Missionar Nommensen, der als Erster in das Innere der indonesischen Insel Sumatra vordrang und dort ein gewaltiger Zeuge Jesu Christi wurde.

Als er zum ersten Mal im Tal Silindung in ein großes Dorf kam, schleppten die Radjas, die Häuptlinge des Volkes, den jungen Weißen in das Versammlungshaus. Dort erklärten sie ihm: »Unsere Adat (das von den Vätern überkommene heiliggehaltene Gesetz) erlaubt nicht, dass ein weißer Mann unter uns wohnt.« Darauf erklärte Nommensen gelassen: »Das mag sein. Aber der große Tuan (Herr) Jesus hat mich zu euch gesandt. Darum muss ich hierbleiben.« Nun gab es tagelange Verhandlungen. Der Höhepunkt kam, als ein wilder Kerl aufsprang und mit drohender Anzüglichkeit zu Nommensen sagte: »Wenn ein Mann ein Reiskorn auf die Straße wirft – werden nicht die Hühner das Reiskorn aufpicken?« Da sah ihn Nommensen ruhig an und erklärte: »Wenn der Mann, der das Reiskorn auf die Straße geworfen hat, die Hühner wegscheucht, werden sie das Reiskorn nicht aufpicken.«

Nommensen wusste genau: Die einzigen weißen Männer, zwei englische Missionare, die vor ihm ins Innere Sumatras gekommen waren, waren erschlagen und aufgefressen worden. Trotzdem sprach er so. So konnte nur einer reden, der seines Weges vor Gott ganz gewiss geworden war.

Als einmal eine große Evangelisation vorbereitet wurde, verloren plötzlich mitten in den Vorbereitungen die Brüder den Mut. Es schien ihnen doch unmöglich zu sein, in ihrer Stadt solch eine umfassende Evangelisation durchzuführen. Da mischte sich auf einmal ein anwesender Theologieprofessor ins Gespräch und sagte mit großem Nachdruck: »Glaubet ihr nicht, so bleibet ihr nicht? Wir haben im Glauben diese Sache als Auftrag von Gott übernommen. Nun dürfen wir nicht zurückweichen.«

Ja, man muss seiner Sache gewiss sein, wenn man große Aufgaben übernehmen will.

Es gibt so viele müde Christenleute und verkrachte christliche Unternehmungen, weil man das in der heutigen Christenheit viel zu wenig beherzigt.

Der junge Gideon wusste um diese Sache. Und darum konnte die Anfechtung ihn überfallen: »Bin denn ich unerfahrener Mann wirklich berufen, diesen Kriegszug zu führen? Vielleicht habe ich mir alles nur eingebildet. Vielleicht habe ich den Herrn falsch verstanden. Ja, ich muss ihn falsch verstanden haben; denn ich verstehe ja gar nichts von der Kriegskunst. Für die Vernunft ist dieser Kriegszug überhaupt eine Unmöglichkeit; denn die Midianiter sind uns ja gewaltig überlegen.«

Das waren die beiden Anfechtungen des Gideon. Und es sind genau die Anfechtungen, die einen jeden überfallen, der sein Leben dem Herrn geweiht hat und ihm dienen will.

Stille im Lärm

Mitten im Heerlager steht das Zelt des Feldherrn Gideon. Wir hören in dem Bericht das

Schmettern der Kriegsfanfaren, das Klirren der Waffen, das Eilen der Kuriere. Wir können uns denken, dass Gideon unendlich ausgefüllt ist mit der Aufstellung eines Heeres, mit der Beschaffung von Waffen, mit Verpflegungsfragen.

Es ist wunderbar, dass uns von all dem nichts erzählt wird. Dagegen wird uns berichtet: »Und Gideon sprach zu dem Herrn …« Er sagt nicht: »In dieser Überfülle von Arbeit habe ich keine Zeit zum Gebet.« Er spricht vielmehr: »Weil so viel auf mich eindringt, dem ich nicht gewachsen bin, darum muss ich mir in der Stille vor dem Angesicht Gottes Kraft und Wegweisung holen. Vor allem aber muss ich gewiss werden, ob ich wirklich dem Herrn gehöre und ob ich berufen bin, seinen Dienst zu tun.«

Das sind die gesegneten Leute, die mitten im Lärm des Lebens Jesu Wort wahr machen: »Gehe in dein Kämmerlein und schließe die Tür und bete zu deinem Vater im Verborgenen.«

Der Herr schenkt Gewissheit

Der Herr hat dem Gideon sein fast unverschämtes Bitten um seltsame Zeichen, sein immer erneutes Fragen nicht übelgenommen. Im

Gegenteil! Er ist darauf eingegangen. Und damit macht er deutlich, dass er gern Leute hat, die Gewissheit haben wollen.

Wir haben ein neutestamentliches Gegenstück zu dieser Geschichte: Das ist der Bericht von Thomas, der die Auferstehung nicht glauben wollte. Auch diesem Mann hat Jesus zu froher und fester Gewissheit verholfen. Man kann oft Auslegungen dieser Geschichte hören, in denen »der ungläubige Thomas« gleichsam getadelt wird. Nun hätte Thomas gewiss um die Auferstehung wissen können, da Jesus sie vorher verkündigt hatte; aber es ist doch wohl so, dass man den Sinn dieser Geschichte verkennt, wenn man Thomas hier in ein schlechtes Licht stellt. Das sind nicht die schlechtesten Christen, bei denen es durch viele Fragen und Zweifel geht, bis sie endlich, völlig überführt, bekennen: »Mein Herr und mein Gott.«

Gideon verfiel auf eine merkwürdige Sache, um zu Gewissheit zu kommen. Er forderte Zeichen vom Herrn. Dieser Weg ist uns im Neuen Bunde verwehrt. Wir haben größere Zeichen, an denen uns die Gewissheit geschenkt wird. Unsere Zeichen sind Kreuz und Auferstehung Jesu und das Zeugnis des Heiligen Geistes.

Das schwache Herz

Richter 16,4:
Darnach gewann Simson ein Weib lieb am Bach Sorek, die hieß Delila.

Der auserwählte Streiter des Herrn

Es ist keine Frage: Der Simson ist für viele Menschen eine anstößige Gestalt. In seinem Leben sind sehr dunkle Stellen. Und die Feinde der Bibel haben oft mit Hohnlachen auf diese dunklen Stellen hingewiesen und gesagt: So sehen also die Männer Gottes aus!

Es ist ein Zeichen für die ganz große Wahrhaftigkeit der Bibel, dass sie solche dunklen Stellen nicht einfach verschweigt und verdeckt.

Aber wir müssen zunächst einmal festhalten: Simson ist der Geliebte Gottes. Die Richter werden in der Bibel auch »Heilande« genannt. Und so sehen wir auch im Leben des Simson Züge, die ihn zum Vorbild des Herrn Jesus machen. Er richtet das Volk Gottes. Er führt den Streit des Herrn. Wie Jesus wird er vor seiner Geburt schon angekündigt durch einen Engel des Herrn. Und der Herr ist mit ihm im Streite.

So wollen wir daran festhalten: Simson gehört zu den ganz großen Gottesknechten.

Das schwache Herz

Simson war ein gewaltiger Streiter. Es wird uns erzählt, dass er einen Löwen, der ihn anfiel, mit seinen bloßen Fäusten zerrissen hat. Und als er in einer Stadt eingeschlossen war, hob er die Stadttore aus ihren Angeln und trug sie weg. Ja, er war ein starker Mann in der Kraft Gottes. Aber das Herz! Ich meine jetzt nicht, dass er herzkrank war und nach Bad Nauheim musste, um sich zu kurieren. Was wir mit der Schwachheit des Herzens meinen, ist in dem Wort ausgesprochen: »Da gewann er ein Weib lieb am Bach Sorek.«

Es wird früher schon einmal erzählt, dass er ein Mädchen der Philister zu Thimnath liebgewann. Nun ist im Wort Gottes immer sehr deutlich ausgesprochen, dass die Männer Israels sich nicht vermischen sollten mit den Frauen der Heiden. Man muss nur einmal lesen, welch ein Entsetzen den Schriftgelehrten Esra befallen hat, als er hörte, dass führende Männer in Israel heidnische Frauen geheiratet hatten. So könnten wir bei dieser ersten Liebesgeschichte des Simson schon Zweifel anmelden, wenn da nicht ausdrücklich stünde: »Es war vom Herrn, denn er suchte Ursache gegen die Philister.« Darum müssen wir diese erste Geschichte ausscheiden bei unserer Betrachtung. Bei der Delila aber steht nicht mehr: »Es war vom Herrn.« Hier betrog den Simson sein eigenes Herz.

Wir müssen auf das Wörtlein »darnach« achten. Was geht denn voraus? Da wird vorher schon eine sehr trübe Geschichte erzählt, wie Simson zu einer leichtsinnigen Frau in Gaza ging und sich mit ihr einließ. Hier war der wunde Punkt im Leben des Simson. Er hatte viele Kämpfe des Herrn ausgefochten, aber den Kampf um Reinheit hat er nicht ernstlich aufgenommen. So gerät er in diese schlimme Sache in Gaza. Und »darnach« fällt er der Delila in die Finger, die ihn verrät, dumm macht, betrügt und schließlich an die Philister ausliefert.

Es wird hier deutlich, wie es mit der Sünde ist. Zuerst spielt man mit ihr, und dann fesselt sie uns und macht uns unglücklich.

Das Wörtlein »darnach« kann auch noch etwas anderes heißen. Es weist gleichsam auf all die früheren großen Taten, die Simson im Namen des Herrn getan hat. Es wird uns erzählt, wie Simson mit einem Eselskinnbacken tausend Mann der Philister schlägt. Da hören wir von einem vollmächtigen Gebet Simsons, der verschmachtend in der Wüste liegt; und dann öffnet ihm der Herr selber einen Brunnen. Und »darnach« gewann er ein Weib lieb am Bach Sorek.

Es ist eine alte Erfahrung aller Christen, dass nach besonderen Segenserfahrungen das Herz leicht sicher wird und der Teufel besonders auf dem Plane ist. Und der Teufel kennt unsere schwachen Stellen. Das Gebiet des Geschlechtlichen ist eine beliebte Einbruchstelle Satans namentlich in unserer Zeit.

Der moderne Mensch tut, als wenn für ihn heute ganz neue Ordnungen und Gesetze gälten, auf diesem Gebiet des Geschlechtlichen. Man tut, als habe die Keuschheit Gefahren im Gefolge. Man redet von Verdrängungen und solchen Dingen. Man rühmt sich, dass man frei und natürlich sei. Und doch zeigt gerade unsere Zeit, wie notvoll alles wird, wenn man die klaren Ordnungen Gottes verlässt, der eine reine Jugend und eine Ehe in Treue fordert.

Aber wir sind eben Kinder unserer Zeit. Und darum wird in der Gemeinde Jesu Christi die Anfechtung Simsons nur allzu gut verstanden werden. »Er gewann ein Weib lieb.« Wer kann denn gegen sein eigenes Herz?! Hier musste Simson erschrecken und den Herrn bitten: »Führe du die Sache meiner Seele!«

Es ist mir immer groß gewesen, dass der Apostel Paulus sagt: »Der Friede Gottes bewahre eure Herzen und Sinne.« Der Friede Gottes muss wie eine Mauer uns abschirmen gegen die Versuchungen durch Delila und vor den dunklen Dingen, die aus dem eigenen Herzen aufsteigen. Nach innen und nach außen müssen wir abgeschirmt werden. Und der Herr will es tun. Aber man muss sich ihm in die Hand geben.

»Er gewann ein Weib lieb.« Wie wichtig ist das Gebet: »Liebe, zieh uns in dein Sterben! / Lass mit dir gekreuzigt sein, / was dein Reich nicht kann ererben …«

Es ist schrecklich zu sagen: Der Streiter Gottes Simson ist der Anfechtung erlegen. Und weil gerade Knechte Gottes nicht ungestraft sündigen dürfen – weil das Gericht anfängt am Hause des Herrn – darum begann hier für den Simson ein furchtbarer Schmerzensweg. Mit ausgestochenen Augen lag er schließlich gefesselt in einer Kerkerzelle im Philisterland.

»Habt nicht lieb die Welt!«

Wir müssen ja diese Geschichten des Alten Testaments recht geistlich verstehen. Israel ist das Volk Gottes. Durch die Philister ist die »Welt« dargestellt, die ohne Gott stark, stolz und mächtig ist. Delila war ein Stücklein dieser Welt.

Es wird nicht gesagt, dass Simson die Philister liebgewonnen hätte. Nur die Delila! Aber dieses kleine Stücklein brachte ihn zu Fall.

Wenn die Bibel uns zuruft: »Habt nicht lieb die Welt!«, dann wird uns das Wort verständlich gemacht durch die Simsongeschichte. Es kann sein, dass ein Gotteskind sich wirklich fernhält von dem Geist dieser Welt. Es hat keinen Teil an den Zechgelagen und Karnevalsveranstaltungen. Es ist nicht verwickelt in Betrugsgeschichten und hütet sich vor Streit. Es versteht wirklich das Bibelwort: »Habt nicht lieb die Welt!« Es weiß um die Gefährlichkeit der Welt.

Und doch! Ein kleines Stücklein dieser gefallenen Welt wird ihm zur Delila. Ich kenne viele alte Leute, die im Geiste wandelten. Aber als sie alt wurden, ergaben sie sich dem Sorgengeist. Dieses Sorgen um die irdischen Dinge wurde ihre Delila … Ich möchte jetzt hier nicht alles aufzählen, was uns zur Delila werden kann.

Es hat mir einst tiefen Eindruck gemacht, als ich in der Lebensbeschreibung des gesegneten Professors Kähler Folgendes las:

Kähler war ein Dichter und hat eine Reihe wirklich schöner Gedichte hinterlassen. Als junger Mann hat er eine Sammlung besonders feinsinniger Verse in einem Lederbändchen gesammelt. Daran hat sein Herz sich immer neu ergötzt. Doch eines Tages hat er diesen Band genommen und ins Feuer geworfen, weil er begriff: Hier ist eine Bindung, die Gott nicht gefällt. Es ist sicher etwas Wertvolles untergegangen mit diesen Versen. Aber wir können wohl den Versuchungen nicht widerstehen, wenn wir nicht je und dann so radikal werden.

In einem Liedervers heißt es, es sei gleichgültig, ob die Welt uns an einem Halme oder an einer Kette halte. Nun, es geht meist so, dass sie uns zuerst an einem Halm hält. »Simson gewann Delila lieb.« Das war ein kleiner Halm. Aber aus diesem Halm wurde eine fürchterliche Kette.

Ich kenne einen Mann, der eine kleine Reiberei mit einem Kollegen hatte. Weil er nach seiner Meinung im Recht war, wurde aus der Reiberei ein rechtschaffener Krach. Und dann wurde es so, dass der Mann immerzu nur noch über die Bosheiten seines Gegners nachdenken konnte. Aus dem Halm wurde eine Kette.

Von Tersteegen gibt es ein köstliches Werk, das »Blumengärtlein«. Darin sind allerlei geistliche Ratschläge in Versform aufgeschrieben. Dort fand ich auch einen Vierzeiler zu unserem Thema. Er lautet: »Ach, nicht zu weit, ach, nicht zu nah! / Trau nicht der argen Delila! / Bleib stehn im Geist, gefasst und munter, / sink nicht in die Natur hinunter!«

»Habt nicht lieb die Welt!« mahnt die Bibel. Im Großen leuchtet uns das wohl ein, wenn wir den Geist Gottes empfangen haben. Aber die einzelnen Dinge, die uns zur Delila werden! Im Hohenlied Salomos heißt es: »Fanget uns die Füchse, die kleinen Füchse, die die Weinberge verderben!«

»Du läuterst uns durch heißes Leiden...«

So steht es in der Umdichtung des 66. Psalms von Jorissen. Das ist die Erfahrung der Kinder Gottes. Und diese Erfahrung musste auch Simson machen. Sein Weg führte durch sehr große Trübsal. Und doch wird gerade daran deutlich, dass der Herr seine Kinder nicht loslässt. »Du hältst mich bei meiner rechten Hand. Du leitest mich nach deinem Rat.«

Das letzte Wort des Simson ist ein glaubensvolles Gebet. Der Herr braucht ihn noch einmal im Kampf gegen die Philister. Im Sterben erringt er einen Sieg, der größer war als alle Siege zu seinen Lebzeiten. Auch im Blick auf solche Führungen sagt der Apostel Paulus: »Wir rühmen uns aber der Trübsale.«

Doch nun steht die Geschichte Simsons in der Bibel als eine Warnung für alle Gotteskinder davor, die Versuchungen zu leicht zu nehmen.

In dem schon erwähnten »Blumengärtlein« von Tersteegen steht der Vers: »In kleinen Dingen gibt man nach, / in großen heißt es: Ich bin schwach. / Ei, greif zur Sache wie ein Mann! / Wer wahrhaft will, durch Christus kann.«

Und wir dürfen ja beten: »Bewahre mich, Gott, denn ich traue auf dich.«

Am Scheideweg

1.Könige 3,5 und 9:
Und der Herr erschien Salomo zu Gibeon im Traum des Nachts, und Gott sprach: Bitte, was ich dir geben soll! Salomo sprach: So wollest du deinem Knecht geben ein gehorsames Herz, dass er dein Volk richten möge und verstehen, was gut und böse ist. Denn wer vermag dies dein mächtiges Volk zu richten?

Eine Anfechtung?

In den Volksmärchen hat es sich niedergeschlagen, was dumpf und unbewusst in den Herzen der Menschen lebt. Es ist sehr interessant, dass in diesen Märchen immer wieder eine Szene vorkommt, in der etwa eine Fee einem jungen Menschen sagt: »Du hast drei Wünsche frei!« Dabei denkt doch jeder: »Das ist keine Anfechtung, sondern ein ganz großes Glück.«

In unserer Textgeschichte haben wir es mit Wirklichkeiten zu tun, nicht mit einem Märchen. Der lebendige Gott selbst sagt dem blutjungen König Salomo: »Bitte, was ich dir geben soll.« Gehört diese Geschichte wirklich zu den »Anfechtungen der Gottesknechte«? Müsste man sie nicht vielmehr besprechen in einem Buch »Wie gut es Gottesknechte haben?«

Dazu ist Folgendes zu sagen: Wenn ein Weltmensch sich etwas wünschen darf, ist das keine Anfechtung, sondern ein großes Glück. Für einen geistlichen Menschen aber kann es eine große Anfechtung werden. Ich bin überzeugt, dass diese Stunde für den jungen Salomo eine große Anfechtung bedeutete.

Ein Traum?

Wir wollen nicht darauf eingehen, dass in unserem Text steht: »Gott erschien dem Salomo im Traum.« Aus dem ganzen Zusammenhang geht deutlich hervor, dass es sich hier nicht um einen der üblichen Träume handelte, die aus dem Unterbewusstsein aufsteigen oder beim Schlafenden durch einen äußeren Reiz hervorgerufen werden. Salomo hat es mit dem lebendigen Gott zu tun. Und als Salomo auf die Frage Gottes antwortete, geschah es wohl auch noch im Traum, denn erst sehr viel später heißt es: »Und da Salomo erwachte, siehe, da war es ein Traum.« Aber die Bibel erzählt uns das nicht, damit wir diese Begebenheit gleichsam als unwirklich beiseite schieben. Wenn Salomo so klar und herrlich und geistlich auf die Forderung Gottes geantwortet hat, dann merkt jeder, dass hier nicht ein wirrer Traum vorliegt, sondern dass offenbar wurde, wie im

Herzen Salomos ein Entschluss gefasst worden war.

Das Ganze war eine ernsthafte Begebenheit. Als Gott dem Joseph, dem Mann der Maria, befahl, mit dem Kinde Jesus nach Ägypten zu emigrieren, geschah das Reden Gottes ja auch im Traum. Und doch hat Joseph das als einen richtigen, deutlichen Befehl Gottes verstanden. Und der Jakob hat den Traum von der Himmelsleiter als eine deutliche und klare Zusage seines himmlischen Vaters erkannt.

Worin besteht die Anfechtung?

Im Grunde besteht jede Anfechtung darin, ob die Natur oder der Heilige Geist siegen soll. Als das Weib Potiphars den Joseph versuchte, stand er vor der Frage, ob er dem Fleische Raum geben oder dem Geiste Gottes gehorsam bleiben wollte. Als die erste Christenheit bedroht wurde, stand sie vor der Frage, ob die Natur die Herrschaft behalten solle, indem man sich fürchtete und der Welt nachgab, oder ob man dem Geiste Gottes gehorsam bleiben und unerschrocken das Zeugnis vom Heil Gottes der Welt sagen wollte.

Also darin besteht im Grunde jede Anfechtung, ob die natürliche Art uns regieren soll (Paulus nennt es Fleisch und Vernunft) oder ob wir dem Geiste Gottes gehorsam werden wollen.

Beim Salomo hat der Herr selber ausgesprochen, worin eine fleischliche Entscheidung bestanden hätte. Er sagt: »Weil du nicht bittest um langes Leben noch um Reichtum noch um deiner Feinde Seele ...« Da macht Gott ganz deutlich, was Fleisch und Vernunft des Salomo fordern. Der Geist Gottes aber mahnte ihn, um ein gehorsames Herz zu bitten und um eine klare Erkenntnis des guten und des bösen Wegs.

Salomo hat die Anfechtung bestanden. Er hat all die Wünsche, die ein junger König haben kann, beiseite gestellt. Er hat wahrhaft geistlich gewünscht. Und als er seinen Wunsch ausgesprochen hatte, da heißt es: »Das gefiel dem Herrn wohl, dass Salomo um ein solches bat.«

Kommen wir in dieselbe Lage?

Unser erster Gedanke ist: »Mich hat Gott nie so nach meinen Wünschen gefragt.« Und doch – wir kommen in die Lage des Salomo jedes Mal, wenn wir beten und von Gott etwas erbitten. Wir glauben doch bei unserem Gebet, dass der Herr unsere Bitte hört. Wir würden ja nie etwas erbitten, wenn gleichsam nicht vorher der Herr selbst zu uns sagte: »Bitte, was ich dir geben soll.« Diese Geschichte zwingt uns also, unser Gebetsleben zu prüfen.

Ich habe die Geschichte vom Salomo einmal in einem Jungenkreis erzählt. Da fing ich so an: »Stellt euch vor, ihr dürftet euch etwas wünschen. Was würdet ihr vorbringen?« Da flogen mir die Antworten nur so zu: »Ein Moped!« – »Eine Reise nach Italien!« – »Einmal fliegen dürfen!« – »Ein prima Abitur!«

Liegen unsere Gebete nicht meistens auf derselben Linie? Nehmen nicht die äußeren Dinge den größten Teil unserer Bitten ein?

Im Psalmbuch heißt es einmal: »Mein Gebet möge taugen vor dir.« Es gibt also untaugliche Gebete. Ob nicht vielleicht unser äußerliches Wünschen, bei dem Fleisch und Vernunft das Gebet regieren, zu diesen untauglichen Gebeten gehören? Diese Gebete machen doch offenbar, dass wir im Irdischen verhaftet sind und den lebendigen Gott eigentlich nur als Helfer für unsere natürlichen Wünsche wollen.

Es hat mich sehr beeindruckt, als ich neulich bei Tersteegen las: »Was soll uns der vergiftende Dreck dieser Welt? Sind wir doch erkauft von der Erde und zur Ewigkeit berufen.« Von diesem Ewigkeitssinn merkt man oft so wenig in unserem Gebetsleben. Fleisch und Vernunft behalten die Oberhand.

Die Jünger sind einmal zum Herrn Jesus gekommen und haben gesagt: »Lehre uns beten.« Da hat der Herr Jesus sie das so viel misshandelte »Unser Vater« gelehrt. Da stehen lauter große geistliche Dinge am Anfang. Und am Schluss auch. Und das irdische Wohlergehen ist zwischen diese geistlichen Wünsche eingepackt. Bei uns ist es meist umgekehrt. Da sind, wenn es gut geht, einige geistliche Wünsche zwischen das Wünschen des Fleisches und der Vernunft eingepackt.

So ist also – recht gesehen – jedes Mal eine Anfechtungsstunde angebrochen, wenn wir uns zum Gebet anschicken. Dann steht der Herr vor uns und fragt: »Bitte, was ich dir geben soll.« Und nun beginnt beim geistlichen Menschen der Kampf, ob ihm die geistlichen Anliegen wirklich wichtig sind.

Dem Salomo lag das Reich Gottes auf dem Herzen. Er sagt: »Wer vermag dies dein mächtiges Volk zu richten?« Es ist ihm völlig klar, dass Israel nicht sein Volk, sondern Gottes Volk ist. Luther sagt: Israel im Alten Bund ist die Kirche des Alten Bundes. – Es geht Salomo in seinem Gebet darum, dass die Kirche auf dem rechten Wege sei.

Und es geht ihm um seinen eigenen geistlichen Stand. Er betet: »Gib mir ein gehorsames Herz.«

Da bittet er darum, dass Fleisch und Vernunft der Herrschaft des Geistes Gottes untertan sein möchten.

Gott muss wirken, was ihm wohlgefällt

»Bitte, was ich dir geben soll«, sagt der Herr zum jungen Salomo. Und nun bittet der nicht »um ein langes Leben, um Reichtum und um seiner Feinde Seele«, sondern um geistliche Gaben. Er hieß Vernunft und Natur schweigen.

Wie war das möglich? Dadurch, dass der Herr selber ihn mit seinem Geist erfüllte! Gottes Kinder werden vom Geiste Gottes erfüllt und getrieben. Sie bekommen von dem Herrn einen geistlichen Sinn in der Wiedergeburt geschenkt. Das heißt ja: Der Herr muss selber in uns das rechte Wünschen wirken, das ihm wohlgefällt. »Gutes denken, tun und dichten / musst du selbst in uns verrichten.«

Trotzdem ist es so, dass wir in solch einem Augenblick in der Entscheidung stehen, ob wir dem Geist oder dem Fleisch Raum geben wollen.

»... was im Herzen ist«

Als Israel auf seiner Wanderung an die Grenzen des verheißenen Landes gekommen war, sagte Mose zum Volk: »Der Herr hat dich diese 40 Jahre in der Wüste geleitet, auf dass er dich versuchte, dass kund würde, was in deinem Herzen ist.« Und später sagt er noch einmal: »Denn der Herr, euer Gott, versucht euch, dass er erfahre, ob ihr ihn von ganzem Herzen und von ganzer Seele lieb habt.«

Das sind seltsame Worte, die unser Nachdenken erfordern. Der Herr weiß ja von vornherein, was in unserem Herzen ist. Und doch will er es an den Tag bringen. Was im Herzen des Salomo war, kam an den Tag, als er sich etwas wünschen durfte. Und was in unsern Herzen ist, kommt in unserm Gebetsleben an den Tag. Der Herr könnte uns ja alles geben, was wir brauchen, ohne unser Gebet. Aber er heißt uns beten, »dass er uns versuchte, dass offenbar würde, was in unsern Herzen ist«.

Ein Weltmensch wird das nie verstehen. Der wird das Gebet immer nur als eine Art Notbremse ansehen, die man in verzweifelten Fällen zieht. Ein Kind Gottes aber schüttet sein Herz aus und macht damit offenbar, dass ein geistliches Wesen in ihm ist. Und wenn wir nichts anderes beten würden als der Zöllner: »Gott, sei mir Sünder gnädig!«, dann wäre dies doch ein taugliches und geistliches Gebet. Denn hier steht an erster Stelle der heiße

Wunsch, dass das Reich Gottes im eigenen Leben verwirklicht werde.

In der Nacht

In der Nacht sprach der Herr zu Salomo. In der Nacht, als all die lauten Stimmen der Welt schwiegen. In der Nacht, als die Regierungsgeschäfte beendet waren. In der Nacht, als er keinen Menschen um Rat fragen konnte. Da geschah das Gespräch zwischen dem Herrn und dem jungen Salomo.

Kennen wir diese stillen Stunden, wo Radio und Fernsehapparat schweigen müssen, wo wir von dem Lärm der Menschen weggeflüchtet sind, wo wir ganz allein es mit Gott zu tun haben?

Gerade in solchen Stunden wollen uns alle äußeren Sorgen ganz besonders überfallen. Da müssen wir durch die Anfechtung durch, dass wir unser Herz auf die geistlichen und ewigen Dinge richten, dass wir schreien um die Vergebung der Sünden, um Befreiung von Ketten, um ein vollmächtiges Zeugnis an unsere Umgebung, um neues Leben in der Kirche. »Trachtet am ersten nach dem Reich Gottes und nach seiner Gerechtigkeit, so wird euch alles andere zufallen.«

»Ich habe keine Lust mehr«

1.Könige 19,1-21:
Und Ahab sagte Isebel an alles, was Elia getan hatte und wie er hatte alle Propheten Baals mit dem Schwert erwürgt. Da sandte Isebel einen Boten zu Elia und ließ ihm sagen: Die Götter tun mir dies und das, wo ich nicht morgen um diese Zeit deiner Seele tue wie dieser Seelen einer. Da er das sah, machte er sich auf und ging hin um seines Lebens willen und kam gen Beer-Seba in Juda und ließ seinen Diener daselbst. Er aber ging hin in die Wüste eine Tagereise und kam hinein und setzte sich unter einen Wacholder und bat, dass seine Seele stürbe, und sprach: Es ist genug, so nimm nun, Herr, meine Seele; ich bin nicht besser denn meine Väter. Und legte sich und schlief unter dem Wacholder. Und siehe, ein Engel rührte ihn an und sprach zu ihm: Stehe auf und iss! Und er sah sich um, und siehe, zu seinen Häupten lag ein geröstetes Brot und eine Kanne mit Wasser. Und da er gegessen und getrunken hatte, legte er sich wieder schlafen. Und der Engel des Herrn kam zum andernmal wieder und rührte ihn an und sprach: Stehe auf und iss! Denn du hast einen großen Weg vor dir. Und er stand auf und aß und trank und ging durch die Kraft derselben Speise vierzig Tage und vierzig Nächte bis an den Berg Gottes Horeb und

kam daselbst in eine Höhle und blieb daselbst über Nacht. Und siehe, das Wort des Herrn kam zu ihm und sprach zu ihm: Was machst du hier, Elia? Er sprach: Ich habe geeifert um den Herrn, den Gott Zebaoth; denn die Kinder Israel haben deinen Bund verlassen und deine Altäre zerbrochen und deine Propheten mit dem Schwert erwürgt, und ich bin allein übrig geblieben, und sie stehen darnach, dass sie mir mein Leben nehmen. Er sprach: Gehe heraus und tritt auf den Berg vor den Herrn! Und siehe, der Herr ging vorüber und ein großer, starker Wind, der die Berge zerriss und die Felsen zerbrach, vor dem Herrn her; der Herr aber war nicht im Winde. Nach dem Winde aber kam ein Erdbeben; aber der Herr war nicht im Erdbeben. Und nach dem Erdbeben kam ein Feuer; aber der Herr war nicht im Feuer. Und nach dem Feuer kam ein stilles, sanftes Sausen. Da das Elia hörte, verhüllte er sein Antlitz mit seinem Mantel und ging heraus und trat in die Tür der Höhle. Und siehe, da kam eine Stimme zu ihm und sprach: Was hast du hier zu tun, Elia? Er sprach: Ich habe um den Herrn, den Gott Zebaoth, geeifert; denn die Kinder Israel haben deinen Bund verlassen, deine Altäre zerbrochen, deine Propheten mit dem Schwert erwürgt, und ich bin allein übrig geblieben, und sie stehen darnach, dass sie mir das Leben nehmen. Aber der Herr sprach zu ihm: Gehe wiederum deines Weges durch die Wüste gen Da-

maskus und gehe hinein und salbe Hasael zum König über Syrien und Jehu, den Sohn Nimsis, zum König über Israel, und Elisa, den Sohn Saphats, von Abel-Mehola, zum Propheten an deiner Statt. Und es soll geschehen, dass, wer dem Schwert Hasaels entrinnt, den soll Jehu töten, und wer dem Schwert Jehus entrinnt, den soll Elisa töten, Und ich will lassen übrig bleiben siebentausend in Israel: alle Knie, die sich nicht gebeugt haben vor Baal, und allen Mund, der ihn nicht geküsst hat. Und er ging von dannen und fand Elisa, den Sohn Saphats, dass er pflügte mit zwölf Jochen vor sich hin; und er war selbst bei dem zwölften. Und Elia ging zu ihm und warf seinen Mantel auf ihn. Er aber ließ die Rinder und lief Elia nach und sprach: Lass mich meinen Vater und meine Mutter küssen, so will ich dir nachfolgen. Er sprach zu ihm: Gehe hin und komme wieder; bedenke, was ich dir getan habe! Und er lief wieder von ihm und nahm ein Joch Rinder und opferte es und kochte das Fleisch mit dem Holzwerk an den Rindern und gab's dem Volk, dass sie aßen. Und machte sich auf und folgte Elia nach und diente ihm.

Die Anfechtung der Zeugen

Es geht in unserer Geschichte um eine Not, die nur die Zeugen des Herrn kennen. Wer seinen Christenstand behaglich pflegt, weiß nichts von dem, was der Elia hier durchmacht. Es gibt also für die Aktivisten im Reiche Gottes ganz besondere Anfechtungen.

Das ist ja auch kein Wunder. Im Schachspiel bedeutet der König oder der Turm mehr als ein Bauer. Und für den Teufel und sein Spiel gegen das Reich Gottes bedeutet ein Zeuge Jesu mehr als ein Mitläufer. Es ist für ihn wichtiger, einen Zeugen zu Fall zu bringen, als einen, der »mit dem Christentum sympathisiert«.

Oder ein anderes Beispiel: In einem Kriege sind die starken Bollwerke einem stärkeren Beschuss ausgesetzt als belanglose Frontabschnitte. Wo aber ein Zeuge Jesu Christi steht, der den Mund auftut, der Sünden straft und zum Herrn ruft, da ist ein starkes Bollwerk Gottes, das dem Feinde Abbruch tut. So ist es ganz natürlich, dass der Teufel hier in besonderer Weise angreift. Luther hat einmal gesagt: Die Glaubensväter der Bibel seien »patriarchalischen Versuchungen« ausgesetzt gewesen.

Der Prophet Elia war einer von den ganz großen Zeugen Gottes. In dem Kapitel vorher wird erzählt, wie er auf dem Berge Karmel ganz allein im Glauben gegen Volk, König und Baalspriester den Herrn bezeugte und einen gewaltigen Sieg errang. Nun kommt der Gegenangriff Satans. Wer im Dienst des Herrn

Jesu steht, der kennt solche Gegenangriffe. Der weiß, wie gerade nach besonders gesegnetem Dienst die gefährlichsten und bedrohlichsten Tage kommen.

Betonmauern

Auf dem Berg Karmel war auf das Gebet des Elia hin Feuer vom Himmel gefallen und hatte das Opfer verzehrt. Da war das ganze Volk in die Knie gesunken, und alles hatte gerufen: »Der Herr ist Gott! Der Herr ist Gott!« Selbst der gottlose König war aufs tiefste beeindruckt. Elia war sicher überzeugt: Jetzt kommt die große Wende in Israel. Nach diesem starken Eindruck wird das Volk sich wieder zum Herrn wenden.

Aber nichts dergleichen! Das einzige Echo, das Elia hörte, war eine Botschaft der abgöttischen Königin Isebel: »Die Götter tun mir dies und das, wo ich nicht morgen dich töten werde.«

Das sind schreckliche Enttäuschungen für Gotteskinder, wenn man den Sieg des Herrn vor Augen sah und dann nur erfahren muss, wie die Herzen sich mehr als je verhärten.

Ich erinnere mich, wie ich nach einer gesegneten Evangelisation, die die Menschen in Bewegung brachte, solch eine Zeit erlebte. Als der Evangelist abgereist war und ich dachte, jetzt müsse man eine Belebung in meinem Bezirk spüren, entdeckte ich, dass die Gleichgültigkeit und der Widerstand viel stärker geworden waren als vorher. Diese Betonmauern waren durch eine einzige Evangelisation nicht umzustoßen.

»Ich habe keine Lust mehr!«

Bei dem Propheten Elia trat nach der hochgespannten Erwartung auf dem Berge Karmel eine tiefe Entmutigung ein. Er hat keinen Augenblick an der Wirklichkeit des geoffenbarten Gottes gezweifelt. Er hat sicher auch keinen Augenblick gezweifelt, dass der Herr Gott und letzter Sieger in der Welt ist.

Aber er hatte keine Lust mehr, diesen schweren Kampf noch weiter auf sich zu nehmen. »Es ist genug, Herr«, sagte er.

Das ist eine typische Anfechtung für eifrige Zeugen unseres Herrn. Man hat bei dem Kampf viel vom Eigenen eingesetzt. Man hat seelische und leibliche Kräfte verbraucht. Jetzt hat man keine Lust mehr.

O wie wir das kennen! Da heißt es: »Jetzt sollen einmal andere die Arbeit tun.« Oder: »In meiner Stadt oder in meinem Dorf ist die Verstockung so groß, dass es nicht mehr lohnt.« Oder: »Man ist ja doch immer ganz allein. Es ist keiner da, der einem beisteht.«

Das Furchtbare ist: Wenn ein Gotteszeuge dieser Müdigkeit nachgibt, dann kann das schließlich zu völligem Abfall führen. Elia war auf einem gefährlichen Weg.

Rückkehr nach Ägypten

Höchstwahrscheinlich hat Elia nur in die Wüste entfliehen wollen. Als Ziel stand ihm vor Augen der einsame Gebirgsstock am Berge Horeb, wo der Herr sich einst gewaltig offenbart hat, wo er seinem Volk das Gesetz gab.
Ob Elia sich wohl klarmachte, dass er damit genau die Straße zog, auf der der Herr sein Volk aus der Knechtschaft Ägyptens nach Kanaan geführt hatte? Es war die Gottesstraße des Volkes Gottes. Es war die Freiheitsstraße Israels. Nur – Elia ging diesen Weg zurück.
Sicher hat das seine tiefe Bedeutung. Wer dem Herrn aus dem Dienst läuft, der läuft auch dem Herrn selbst weg. Es gibt eine traurige Geschichte vom König David. Dieser Streiter des Herrn hätte mit seinem Heer Gottes Kriege führen sollen. Statt dessen blieb er in Jerusalem. Und das wurde der Anlass zu seinem tiefsten Fall, der die Feinde Gottes bis zu diesem Tage über David spotten lässt.
Es ist eine schreckliche Anfechtung für Gottesknechte – dieses »Den-Mut-Verlieren«; dies

»Keine-Lust-mehr-Haben«. Ja, es ist eine schreckliche Anfechtung. Und man wird nicht so mit dieser Sache fertig, dass man den Dienst des Herrn aufgibt, sondern dass man die Erfahrung macht: »Die auf den Herrn harren, kriegen neue Kraft, dass sie auffahren mit Flügeln wie Adler, dass sie laufen und nicht matt werden, dass sie wandeln und nicht müde werden.«

Der Herr lässt seine Erwählten nicht fallen

Das ist das Wunderbare in dieser Geschichte, dass der Herr jetzt selber eingreift und sich um seinen müde gewordenen Knecht kümmert. Ich glaube schon, dass es immer so sein wird: Solch eine schreckliche Krise in unserem Glaubensleben kann nur vom Herrn selbst überwunden werden! Er macht das untergehende Schifflein wieder flott. Er gibt dem verzagten Herzen neuen Mut. »Er ist es, der dir Kräfte gibt«, sagt die Bibel.

Aber ich glaube, dass wir sehr darauf achten müssen, dass dies wirklich nur für die Erwählten des Herrn gilt. Es gibt auch im Gebiet der Christenheit Wichtigtuer, die einen großen Schaum machen und sich anstellen, als wenn durch sie das Reich Gottes einen mächtigen Auftrieb bekäme. Aber wenn sie keine Berufenen und Erwählten sind, dann wird diese Begeisterung bald in sich selbst zusammenfallen, dann wird dieser Eifer schnell erlahmen. Und es bleibt am Ende nichts übrig als ein Trümmerfeld. Dafür ließen sich viele Beispiele in der gegenwärtigen Christenheit anführen.

Seine Erwählten und Berufenen aber richtet der Herr selber wieder auf. »Denn so du durch Wasser gehst, will ich bei dir sein, dass dich die Ströme nicht sollen ersäufen … Weil du so wert bist vor meinen Augen geachtet, muss du auch herrlich sein, und ich habe dich lieb«, sagt der Herr durch den Mund des Propheten Jesaja.

Der müde Knecht wird erquickt

Es ist ganz köstlich, was die Bibel hier erzählt. Ein Engel des Herrn bringt dem verzagten Elia Brot und Wasser. Dann darf er sich gründlich ausschlafen. Anschließend gibt es noch einmal ein Mahl von geröstetem Brot und Wasser.

Dass der Herr mit seinem Knecht in Gericht und Gnade ernst redet, das kommt erst später. Zunächst bekommt er einfach ganz kleine, schlichte Erquickungen.

Wie weise und zart geht der Herr doch mit seinen Knechten um! In dieser Stunde wäre der Elia für große Dinge gar nicht empfänglich gewesen. Doch diese kleinen Freundlichkeiten richteten das zerbrochene Blümlein auf.

Das war nicht nur vor 3000 Jahren so. Genauso macht es der Herr heute noch mit seinen müde gewordenen Knechten. Wie kann in solchen Stunden der Verzagtheit eine fröhliche Stunde in unserer Familie, eine Begegnung mit einem »Bruder«, ein stiller Spaziergang in der Natur, eine Liebe, die uns erwiesen wird, oder sonst irgend etwas uns sein wie ein direkter Gruß von Gott. Er hat dabei mancherlei Engel, die seinen Dienst an uns ausrichten.

Neue Gottesbegegnung

Allerdings, bei dieser kleinen Erquickung blieb es nicht. Als Elia an den Horeb gekommen war, hieß es: »Schicke dich und begegne deinem Gott.« Und ohne solche neue Begegnung mit dem Herrn kann es für die Streiter des Herrn nicht abgehen. Das sind geheimnisvolle Stunden, von denen die Welt keine Ahnung hat, wenn der Herr mit seinen lustlosen Zeugen redet.

Da gibt es zunächst ein Gericht. »Was hast du hier zu tun, Elia?« Das mag dem Elia durch Mark und Bein gegangen sein. Es mag ihm aufgegangen sein, dass solche Müdigkeit Unglauben und Sünde ist. Er hatte gesagt: »Es ist genug!« Welch eine Lästerung! Die Stunde bestimmt der Herr, wo er seinen müden Knechten sagt: »Es ist genug«, und wo er sie heimnimmt zu einer unvergängliche Ruhe.

Wenn der große Gottesmann Elia schon durch eine solche Gerichtsstunde gehen musste, wie viel mehr wird uns das nötig sein, die wir an unserem kleinen Abschnitt dem Herrn dienen wollen. Es ist merkwürdig, dass für Knechte Gottes solche Gerichtsstunden die eigentlichen Quellstunden eines Neuanfangs und neuer Kraft sind. Eigentlich sollte man denken, dass solche Gerichtsstunden sie vollends niederschlagen. Aber das Gegenteil geschieht.

Denn die Knechte Gottes begreifen, dass es schon ganz große Gnade ist, wenn der Herr sich überhaupt noch mit ihnen beschäftigt.

Nach dem Gericht kommen neue Aufträge. Und nach den neuen Aufträgen zeigt der Herr, dass Elia nicht allein steht. »Ich habe noch 7000 in Israel, die ihre Knie nicht gebeugt haben vor Baal.« Und nach diesem Einblick in das verborgene Reich Gottes schenkt der Herr dem Elia einen Weggenossen. Elia soll hinziehen und den Elisa als seinen Gefährten und Nachfolger berufen.

Neu gestärkt kam der Prophet aus der Wüste zurück. Und treu richtete er seinen Dienst aus bis zu jenem Tage, wo der Herr ihn »mit feurigen Wagen und Rossen« zu der Ruhe heimholte, die Elia sich ersehnte.

Die schreckliche Frage: »Ist Gott ungerecht?«

Hiob 2,3:
Der Herr sprach zu dem Satan: Hast du nicht Acht auf meinen Knecht Hiob gehabt? Denn es ist seinesgleichen im Lande nicht, schlecht und recht, gottesfürchtig und meidet das Böse und hält noch fest an seiner Frömmigkeit; du aber hast mich bewogen, dass ich ihn ohne Ursache verderbt habe.

Das Urbild angefochtener Gottesknechte

Die Reihe von den angefochtenen Gottesknechten hätten wir eigentlich mit Hiob beginnen müssen. Er ist das Urbild aller angefochtenen Gläubigen. Und der Jakobus-Brief weist nachdrücklich auf ihn hin: »Siehe, wir preisen selig, die erduldet haben. Die Geduld Hiobs habt ihr gehört.«

Dass er ein besonderer Mann vor Gott war, geht auch aus einem Wort im Propheten Hesekiel hervor: »Und wenn gleich die drei Männer Noah, Daniel und Hiob darin wären, so würden sie allein ihre eigene Seele erretten durch ihre Gerechtigkeit, spricht der Herr.«

Die Geschichte des Hiob

Was war das für ein glückseliger Mann, der so

sichtbar unter Gottes Segen stand! Eine stattliche Schar Kinder erfreute das Herz der Eltern. Die sieben Söhne und drei Töchter hielten in großer Liebe zusammen. Und unermesslich war der Reichtum des Hiob. Die Bibel nennt 7000 Schafe, 3000 Kamele, 500 Joch Rinder und 500 Eselinnen.

All das machte das Herz des Hiob nicht stolz, sondern nur dankbar gegen den himmlischen Vater, dem er von Herzen anhing.

Und nun wird uns eine hintergründige Szene gezeigt. Satan zweifelt vor dem Thron Gottes den Glauben Hiobs an. Und der Herr gibt dem Satan das Recht, den Glauben Hiobs auf die Probe zu stellen. An einem Tage verliert er seine Kinder und sein Vermögen. Aber er bleibt am Herrn. Und als Satan wieder vor Gott erscheint, sagt der Herr das erschreckende Wort: »Du hast mich bewogen, dass ich ihn ohne Ursache verderbt habe.« Satan erreicht in dem Gespräch, dass er Hiob noch schrecklicher auf die Probe stellen kann. Der verliert seine Gesundheit. Und als schwärenbedeckter Mann sitzt er in der Asche.

Um was es nicht geht

In der Bibel wird uns oft der Zusammenhang von Sünde und Leid gezeigt. Die Schwester des Mose, die Mirjam, wird aussätzig, weil sie die Führung Gottes durch Mose gelästert hat. Abram kommt in Ägypten in Not, weil er einen falschen Weg gezogen ist.

Im Buch Hiob wird uns ausdrücklich gesagt, dass alles Leid des Hiob nicht eine Spur von solchem Gerichtscharakter trägt. Der Herr gibt ihm immer wieder das Zeugnis, dass er gerecht ist und das Böse meidet. Das darf auf keinen Fall so verstanden werden, als wenn Hiob von dem allgemeinen Sündenverderben der Menschen ausgenommen wäre. Denn der Römerbrief sagt: »Wir sind allzumal Sünder und ermangeln des Ruhmes, den wir vor Gott haben sollten.« Dann gilt das auch für Hiob. Und Hiob hätte diesem Satz sicher zugestimmt.

Aber das Buch Hiob legt großen Nachdruck darauf, dass in seinem Leid kein Zusammenhang von Sünde und Gericht ist. Wir dürfen auch nicht sagen, Gott wollte den Hiob prüfen. Man hört so oft diesen Satz, dass Gott Menschen prüfen will. Das ist sicher ein ungeistlicher Satz. Er hat es nicht nötig, uns zu prüfen, weil er unsere Herzen kennt. Aber der Herr lässt es zu, dass Satan, der den Glauben Hiobs anzweifelt, Hiob auf die Probe stellen darf.

Die schreckliche Frage

Aus dieser ganzen eben geschilderten Lage heraus muss ja die Frage auftreten: Ist Gott ungerecht? Und das ist die Frage, die den Hiob bedrängt. In seinen Gebeten und in seinen Reden bestürmt Hiob gleichsam Gott mit dieser Frage: Bist du ungerecht?

Hiob hat keinen Augenblick Zweifel, ob Gott existiert. Diese Frage wird in der Bibel als völlig närrisch abgetan. Der Atheismus wird nur einmal in der Bibel erwähnt: »Die Toren sprechen in ihrem Herzen: Es ist kein Gott.« Nein, von dieser Frage ist Hiob in keinem Moment angefochten. Er weiß, dass Gott lebt. Aber für den, der dies weiß, wird es zur bedrängenden und schrecklichen Frage: Ist Gott ungerecht? Das ist die eigentliche Not in den Tiefen des Leides, wenn diese Frage aufbricht.

Man kann großen Schmerz ertragen, solange man sich unter Gottes gnädiger Leitung weiß. Ich erinnere mich an die schreckliche Stunde, als mein Haus abbrannte, während eines Bombenangriffs. Ganz verzweifelt versuchte ich vergeblich zu löschen. Mein Herz war voll Jammer und Grimm. Und dann fiel mir auf einmal ein, dass die Losung an dem Morgen dieses Tages das Amoswort war: »Ist auch ein

Unglück in der Stadt, das der Herr nicht tue?«
Als mir das einfiel, kam eine große Ruhe über mich. Und ich sagte mir: Gott darf auch mein Haus anzünden, wenn ich nur in seiner Liebe geborgen bin.
Aber das ist schauerlich, wenn mitten im Leid die Frage aufbricht: Ist Gott ungerecht? Da kommt ein Grauen über das Herz, das weiß, dass wir ja völlig in die Hand Gottes gegeben sind. Wie, wenn dieser Gott ein ungerechter Tyrann wäre?

Die Freunde Hiobs

Das Buch Hiob erzählt uns, dass Hiob von ein paar Freunden besucht wurde. Die haben zuerst sieben Tage und sieben Nächte nur einfach mit ihm getrauert. Aber am achten Tage rückte Hiob mit seiner Not heraus. Da stand auf einmal die Frage mitten unter ihnen: »Woher kommt solche Unruhe? Ist denn Gott ungerecht?«
Diese quälende Frage, die Hiob wie eine Anklage herausbringt, ruft nun die Freunde auf den Plan. Und der Hauptteil des Buches Hiob besteht darin, dass die Freunde versuchen, Gott zu verteidigen. Diese Freunde Hiobs haben im Abendland große Nachfolger gefunden. Unter Philosophen und Theologen hat

man immer wieder versucht, gegenüber den schrecklichen Leiderfahrungen der Menschheit eine Lehre von der »Theodizee«, d.h. von der Gerechtigkeit Gottes, zu begründen. Die größten Geister haben sich mit dieser Aufgabe herumgeschlagen.

Wer das Buch Hiob liest, der findet, dass diese Freunde unendlich viel sagen, dem man von Herzen zustimmen kann. Und doch muss er über all das, was sie sagen, fast lächeln, weil er weiß, was die Freunde nicht wissen. Die Freunde wissen nichts von dem Gespräch zwischen Satan und Gott. Und darum geht ihre Verteidigung Gottes ins Leere.

Ja, man kann Gott eigentlich gar nicht verteidigen. Man kann ihn darum nicht verteidigen, weil für unser Auge überhaupt nichts mehr von Gerechtigkeit zu sehen ist. Und Gott selber bezichtigt sich förmlich der Ungerechtigkeit, indem er zum Satan sagt: »Du hast mich bewogen, dass ich ihn ohne Ursache verderbt habe.«

Hier stehen wir vor einem Rätsel. Aber: Gott ist nie ungerecht!

Was tut Hiob?

Das ist eine wahrhaft patriarchalische Anfechtung, dass man Gottes ganz gewiss ist und doch

Grund hat, an seiner Gerechtigkeit zu verzweifeln. Es ist gut, dass der Herr nicht alle seine Kinder in diese Tiefen kommen lässt. Aber vielleicht war der eine oder andere von uns auch schon nahe an der Grenze solcher Finsternis. Und wir wissen nicht, was alles uns noch bevorsteht. Darum ist es wichtig, von diesem angefochtenen Gottesmann Hiob zu lernen.

Was tut Hiob? Es ist mit zwei Worten gesagt: Er betet und glaubt. Wir wollen hier nicht in Kürze eine Auslegung des ganzen Buches Hiob geben. Wir gehen darum nicht ein auf Reden Hiobs, die fast lästerlich klingen. Wir wollen vielmehr darauf hinweisen: Mit diesen Reden, mit der Verzweiflung seines Herzens wendet sich Hiob an den Herrn selber. Es ist, als habe er das Psalmwort gekannt: »Schüttet euer Herz vor ihm aus, liebe Leute!« Und wenn diese Gebete manchmal wie ein verzweifeltes Stürmen gegen Gott sind, so sind sie ganz sicher doch brauchbarere Gebete als manches wohlformulierte Plappern fester Formen.

Und Hiob glaubt. Mitten im Buch Hiob steht leuchtend der kleine Satz: »Ich weiß, dass mein Erlöser lebt.«

Mit prophetischem Auge sieht Hiob Jesus. Und ich weiß auch für uns in allen Dunkelheiten unverständlicher Wege Gottes keinen anderen

Weg, nicht zu verzweifeln an der Liebe Gottes, als dass wir auf Jesus sehen: »So sehr hat Gott die Welt geliebt, dass er seinen eingeborenen Sohn gab.« Wenn alles dunkel um uns wird, dann dürfen wir auf Jesus schauen als den unübersehbaren Beweis von Gottes Liebe!

Noch einmal: die schreckliche Frage

Aber die Frage bleibt doch: Ist Gott ungerecht? Diese schreckliche Anfechtung kann uns jeden Tag anfallen. Mir ist es immer als das Unheimlichste erschienen, dass Gott selber sagt: »Ich habe ihn ohne Ursache verderbt.« Gibt Gott da nicht zu, dass er ungerecht sei? Ja, Gott sagt zum Satan: »Du hast mich bewogen, dass ich ihn ohne Ursache verderbt habe.« Das sieht so aus – man verzeihe mir die lästerliche Rede – als sei Gott selber einer satanischen Versuchung erlegen. Hier sind wirklich die Grenzen dunkelster Anfechtung.

Wie wird im Buch Hiob die Frage gelöst?

In der erstaunlichsten Weise. Gott selber tritt auf den Plan und macht klar: »Wenn ich Gott bin, dann kann ich gar nicht ungerecht sein. Euren blinden Augen sind die Dinge nicht durchsichtig.« Gott schiebt die Frage einfach weg und sagt: »Sie ist unsinnig.«

Und genau dasselbe geschieht im Römerbrief. Paulus sagt im 3. Kapitel: »Ist denn Gott ungerecht ...? (Ich rede also auf Menschenweise.) Das sei ferne! Wie könnte sonst Gott die Welt richten!«

Sowohl das Alte wie das Neue Testament sagen also einfach: Die Frage, ob Gott ungerecht sei, ist die letzte irrsinnige, satanische Anfechtung. Sie wird nicht so beseitigt, dass man Gottes Gerechtigkeit beweist. Sie wird vielmehr so abgetan, dass man die Frage als satanisch erkennt und sie wegschiebt mit dem Wort: »Das sei ferne!«

Das Ende

»Wenn die Stunden sich gefunden, bricht die Hilf mit Macht herein ...« So erlebt es auch der Hiob. Gott schenkt ihm wieder Kinder und Reichtum.

Aber ich bin überzeugt, er war nicht mehr derselbe wie vorher. Er hat begriffen, dass Gott ein »verborgener Gott« ist, der sich niemals dem Gericht unserer Gedanken stellt.

Es gibt nur ein unauslöschliches Zeichen der Liebe Gottes, an das wir uns in guten und bösen Tagen halten dürfen: »Ich weiß, dass mein Erlöser lebt.« Oder: »So sehr hat Gott die Welt geliebt, dass er seinen eingeborenen Sohn gab.«

Der tiefe Fall

Psalm 51:
Ein Psalm Davids, vorzusingen; da der Prophet Nathan zu ihm kam, als er war zu Bathseba eingegangen. Gott, sei mir gnädig nach deiner Güte und tilge meine Sünden nach deiner großen Barmherzigkeit. Wasche mich wohl von meiner Missetat und reinige mich von meiner Sünde. Denn ich erkenne meine Missetat, und meine Sünde ist immer vor mir. An dir allein habe ich gesündigt und übel vor dir getan, auf dass du Recht behaltest in deinen Worten und rein bleibest, wenn du gerichtet wirst. Siehe, ich bin in sündlichem Wesen geboren, und meine Mutter hat mich in Sünden empfangen. Siehe, du hast Lust zur Wahrheit, die im Verborgenen liegt; du lässest mich wissen die heimliche Weisheit. Entsündige mich mit Isop, dass ich rein werde; wasche mich, dass ich schneeweiß werde. Lass mich hören Freude und Wonne, dass die Gebeine fröhlich werden, die du zerschlagen hast. Verbirg dein Antlitz vor meinen Sünden und tilge alle meine Missetaten. Schaffe in mir, Gott, ein reines Herz und gib mir einen neuen gewissen Geist! Verwirf mich nicht von deinem Angesicht, und nimm deinen heiligen Geist nicht von mir. Tröste mich wieder mit deiner Hilfe, und mit einem freudigen Geist rüste mich aus. Ich will die Übertreter deine Wege

lehren, dass sich die Sünder zu dir bekehren. Errette mich von den Blutschulden, Gott, der du mein Gott und Heiland bist, dass meine Zunge deine Gerechtigkeit rühme. Herr, tue meine Lippen auf, dass mein Mund deinen Ruhm verkündige. Denn du hast nicht Lust zum Opfer – ich wollte dir's sonst wohl geben -, und Brandopfer gefallen dir nicht. Die Opfer, die Gott gefallen, sind ein geängsteter Geist; ein geängstet und zerschlagen Herz wirst du, Gott nicht verachten. Tue wohl an Zion nach deiner Gnade; baue die Mauern zu Jerusalem. Dann werden dir gefallen die Opfer der Gerechtigkeit, die Brandopfer und ganzen Opfer; dann wird man Farren auf deinem Altar opfern.

Die große Not

Dass die Welt sündigt, ist normal. Die Bibel nennt einmal den Satan den »Gott dieser Welt«. Wie sollte sie nicht sündigen! Und der Herr Jesus sagt von den Menschen dieser Welt: »Aus dem Herzen kommen arge Gedanken.« Wie sollte diese Welt nicht sündigen! Wenn wir von einem tiefen Fall hier reden wollen, dann ist nicht die Rede von den Sünden der Weltkinder.

Es ist aber auch nicht die Rede von dem »Weiland-Zustand« eines Gotteskindes. Es gibt viele Kinder Gottes, die aus einem Leben grober Sünden zum Herrn Jesus gekommen sind. Da ging ihnen erst richtig vor dem Kreuze auf, wie schrecklich ihre Sünde sei. Und sie haben von Herzen Buße getan und die Seligkeit der Sündenvergebung erfahren. Von solchen Sünden heißt es dann in der Bibel, dass sie »in die Tiefe des Meeres« geworfen sind. Darum ist von ihnen hier auch nicht die Rede.

Nein, es ist die Rede von etwas viel, viel Schlimmerem. Es ist von dem tiefen Fall die Rede, den ein Kind Gottes, das bekehrt, angenommen und versöhnt ist, getan hat.

Wir brauchen die Geschichte hier nicht zu wiederholen. Der Fall Davids ist bei Freunden und Feinden des Volkes Gottes bekannt genug. Die Sache begann damit, dass David nicht mit dem Heer des Volkes Gottes auszog, sondern gemächlich zu Hause blieb. Und dann gewannen die Mächte über ihn Gewalt, die der Apostel Johannes in einem seiner Briefe nennt: »Augenlust« und »Fleischeslust«. Und nach dem Ehebruch kam der verkappte Mord.

Das Unheimliche ist, dass während der ganzen Zeit eine Binde vor den Augen des David lag. Er war so verblendet, dass sein Herz nicht schneller schlug, als der Prophet zu ihm kam. Aber dann sprach Nathan in Vollmacht zu ihm: »Du bist der Mann!« Da fiel die Binde von seinen Augen. Und nun kam die große Not, die Not eines gefallenen Gottesknechtes.

Das verklagende Gewissen

Die Überschrift unseres Psalms sagt uns, dass dies das Gebet Davids in jener schrecklichen Stunde war. Überall in den Zeilen dieses Psalms schimmert die furchtbare Not und Angst des Gewissens hindurch. Und da ja Gott sich nicht geändert hat und sein Reden mit der Menschen Gewissen nicht anders geworden ist, wird dies je und dann auch unsere Not sein.

David betet: »Verwirf mich nicht von deinem Angesicht.« Da spricht er es aus, welch würgende Angst sein Herz umklammert. Er fürchtet, dass der Herr sagen könnte: »Jetzt ist meine Geduld erschöpft. Ich habe so viel an dir getan, David, von deinen Jugendtagen an. Ich habe dich gerufen und gesegnet, getragen, bewahrt und errettet. Und dein Herz hat sich in keiner Weise geändert. Nun bin ich es müde geworden mit dir. Nun, geh du nur die Wege, die du willst. Ich habe dich verworfen.«

Das ist das Schrecklichste, was uns widerfahren kann, dass der Herr uns verwirft. Wenn das eintritt, dann beginnt die Hölle schon auf Erden. Das sehen wir an dem König Saul, zu dem Gott sagte: »Ich habe dich verworfen.« Von der Stunde an regierte ihn ein unruhiger und schrecklicher Geist.

David betet: »Verbirg dein Antlitz vor meinen Sünden.« Dahinter steht die furchtbare Angst, dass der Herr nur noch seine Sünden ansehen und sein Antlitz vor ihm verbergen könnte. Der Segen Aarons lautete: »Der Herr lasse leuchten sein Angesicht über dir.« Ja, wenn das geschieht, ist unser Leben hell und wie im Sonnenglanz. David sagt selbst einmal: »Da du dein Angesicht verbargst, erschrak ich.«

Diese Not des erwachten Gewissens ist furchtbar. Sie ist namentlich furchtbar bei einem Gotteskind, das die Seligkeit der Gemeinschaft mit dem lebendigen Gott erfahren hat. Man kennt die wundervolle Burg des Friedens mit Gott. Und nun herrscht die Angst, man könne für alle Zeiten aus dieser Burg vertrieben sein.

Der Teufel aber redet dem Herzen ein: »Siehst du, alle deine Glaubens- und Heiligungsanstrengungen haben gar keinen Wert. Der Herr hätte dich ja bewahren können. Er hat es nicht getan. Sieh, er hat dich gar nie gewollt.«

Ich erinnere mich, wie ich bei einer Evangelisation einmal einem jungen Arzt begegnete, der früher sehr eifrig in einem Bibelkreis für höhere Schüler war, aber dann allen Glauben über Bord geworfen hatte. Anklagend sagte er: »Der Herr hat mich enttäuscht. Er hat mich in meinem Sündengefängnis stecken lassen.«

Wolf oder Lamm

Nun ist es zunächst sehr tröstlich zu sehen, wie David in unserem Psalm eine ganz große Sehnsucht nach seinem himmlischen Herrn zeigt.

Wir müssen hier die köstliche Geschichte erzählen, wie der Lederhändler Johann Peter Diedrichs einem jungen Mann half, der in dieser Anfechtung Davids steckte. Der junge Mann war in schwere Sünde geraten. Und dadurch war er in tiefe Zweifel an seinem Gnadenstand gekommen. Er konnte nicht mehr glauben, dass er ein Kind Gottes sei. Dem sagte Diedrichs: »Wenn ein Schaf in den Schmutz gefallen und so beschmutzt ist, dass es eher einem Bären oder Wolf als einem Schafe gleicht, so lege ihm einmal Schaffutter vor von guter, gesunder Weide und dann gib ihm Wolfsnahrung, Leichen, Aas oder dergleichen. Wonach wird es greifen?«

»Es wird nach der Nahrung von der gesunden Weide greifen«, sagte der junge Mann.

»Nun«, fuhr Diedrichs fort, »welche Nahrung begehrst du denn jetzt? Nahrung, wie die Welt sie liebt, Sündengenüsse – oder Nahrung, wie die Schafe Christi sie lieben?«

»O, ich sehne mich nach der Nahrung der Schafe Christi«, sagte der junge Mann.

»Dann gehörst du zu seiner Herde, auch wenn du in den Schmutz gefallen bist«, rief Diedrichs. Und der junge Mann wagte es wieder, im Glauben die Gnade Gottes in Jesus zu ergreifen.

Dass David immer noch ein Schaf Jesu Christi war, zeigt der Satz: »Die Opfer, die Gott gefallen, sind ein geängsteter Geist.« Sein Herz schrie nach der Gnaden-Nahrung der Schafe Jesu Christi.

Klare Erkenntnis der Lage

David hat in dieser Stunde der Anfechtung den Mut gehabt, klar seine verzweifelte Lage zu sehen: »Denn ich erkenne meine Missetat.« Wie deutlich er die Gefährlichkeit seiner Lage sieht, sagt der Satz: »An dir allein habe ich gesündigt.« Er sieht, dass seine Sünde eine Sünde ins Angesicht Gottes hinein war – in das Angesicht des heiligen Gottes, der jede Sünde hasst.

Und noch an einem anderen Satz wird deutlich, wie klar David die Lage erkennt: »Du hast nicht Lust zum Opfer – ich wollte dir's sonst wohl geben – und Brandopfer gefallen dir nicht.« David ist sich völlig klar darüber, dass er mit nichts den Schaden gutmachen kann. Er macht gar nicht den Versuch, durch irgendein gutes Werk seine Sünde gleichsam auszugleichen. Er versucht auch nicht, durch eine religiöse Kulthandlung die Sache wieder in Ordnung zu bringen. Er tut etwas sehr anderes: Er bekennt seine Sünde.

Das Bekenntnis

David klagt nicht Gott an, wie es Adam tat, als er sagte: »Das Weib, das du mir zugesellt hast, hat mich verführt.« Er klagt auch nicht die Bathseba an. Gewiss hätte er einiges darüber sagen können, dass die Bathseba in provozierender Weise sich ihm gezeigt hat. Aber er klagt sie nicht an. Er klagt auch nicht die Verhältnisse und Umstände an, aus denen sich der Sündenfall ergab.

Er klagt nur sich selbst an. Ohne Einschränkung nennt er seine Sünde »meine Missetat«.

Und dies tut er vor dem Angesicht des lebendigen Gottes. Er geht gleichsam in einen Beichtstuhl. In dem Beichtstuhl sitzt aber nicht ein Priester, sondern der König aller Könige und der Richter der Welt. Ihm bekennt er ohne Beschönigung seine Sünde.

Immer wieder zeigt uns die Bibel, dass dieses rückhaltlose Bekenntnis der Sünde der Weg zum Heil ist. »Ich habe gesündigt gegen den Himmel und vor dir«, sagt der verlorene Sohn. Und Nehemia betet: »Wir haben an dir missgehandelt, dass wir nicht gehalten haben die Gebote, Befehle und Rechte, die du geboten hast deinem Knecht Mose.«

Es gibt viele Kinder Gottes, die in böse Dinge geraten. Aber es gibt so viele, die nicht mehr herauskommen aus der Verzweiflung in den alten Gnadenstand, weil sie Gott und die Welt anklagen, aber nicht zu diesem rückhaltlosen Bekenntnis ihrer Schuld kommen. Es ist geradezu auffällig, wie oft David in diesem Psalm sagt: »Meine Sünde, meine Missetat.«

Weil David so rückhaltlos bekennt, darum geht ihm von neuem das Licht auf.

Glauben können

Wie wundervoll leuchtet in diesem Psalm Davids das Licht auf, das immer mehr in seinem Herzen aufgeht. Er kann tatsächlich glauben, dass der Herr Sünden »tilgen« kann. »Tilge meine Sünden nach deiner großen Barmherzigkeit!«

Das ist der eigentliche Heilsglaube, dass man dies dem Herrn zutraut: Er kann Sünden tilgen.

In diesem Augenblick stand bestimmt vor David – er war ja ein Prophet – das Kreuz des Sohnes Gottes von Golgatha. Hier wird Sünde vertilgt, ausgetan und weggewaschen. »Das Blut Jesu Christi, des Sohnes Gottes, macht uns rein von aller Sünde.« »Du wirfst alle meine Sünden hinter dich zurück.«

So wird aus der ganzen Geschichte deutlich, dass wir wohl einmal eine gründliche Bekehrung durchmachen müssen. Aber auch nach unserer Bekehrung dürfen und müssen wir das Blut Jesu Christi immer wieder neu in Anspruch nehmen zur Vergebung der Sünden. Die Gnade ist nicht ein einmaliges Erlebnis. Sie ist immer neu im Leben eines Gottesknechtes.

In der Dankbarkeit leben

David hat gerade vorher gesagt: »Du hast nicht Lust zum Opfer.« Darum ist es auffällig, dass der Psalm schließt: »Dann werden dir gefallen die Brandopfer und ganzen Opfer.«

David will sagen: Ich kann mit meinen Opfern nichts gutmachen. Aber ungezählte Opfer will ich darbringen, um dem Herrn meine Dankbarkeit zu zeigen, weil sein Opfer auf Golgatha meine Rettung wurde.

»Ich komme zu kurz!«

Psalm 73:
Ein Psalm Asaphs. Israel hat dennoch Gott zum Trost, wer nur reines Herzens ist. Ich aber hätte schier gestrauchelt mit meinen Füßen, mein Tritt wäre beinahe geglitten. Denn es verdroß mich der Ruhmredigen, da ich sah, dass es den Gottlosen so wohl ging. Denn sie sind in keiner Gefahr des Todes, sondern stehen fest wie ein Palast. Sie sind nicht im Unglück wie andere Leute und werden nicht wie andere Menschen geplagt. Darum muss ihr Trotzen köstlich Ding sein, und ihr Frevel muss wohl getan heißen. Ihre Person brüstet sich wie ein fetter Wanst; sie tun, was sie nur gedenken. Sie achten alles für nichts und reden übel davon und reden und lästern hoch her. Was sie reden, das muss vom Himmel herab geredet sein; was sie sagen, das muss gelten auf Erden. Darum fällt ihnen ihr Pöbel zu und laufen ihnen zu mit Haufen wie Wasser und sprechen: Was sollte Gott nach jenen fragen? Was sollte der Höchste ihrer achten? Siehe, das sind die Gottlosen; die sind glückselig in der Welt und werden reich. Soll es denn umsonst sein, dass mein Herz unsträflich lebt und ich meine Hände in Unschuld wasche, – und bin geplagt täglich, und meine Strafe ist alle Morgen da? Ich hätte auch schier so gesagt wie sie; aber siehe, damit

hätte ich verdammt alle deine Kinder, die je gewesen sind. Ich dachte ihm nach, dass ich's begreifen möchte; aber es war mir zu schwer, bis dass ich ging in das Heiligtum Gottes und merkte auf ihr Ende. Ja, du setzest sie aufs Schlüpfrige und stürzest sie zu Boden. Wie werden sie so plötzlich zunichte! Sie gehen unter und nehmen ein Ende mit Schrecken. Wie ein Traum, wenn einer erwacht, so machst du, Herr, ihr Bild in der Stadt verschmäht. Da es mir wehe tat im Herzen und mich stach in meinen Nieren, da war ich ein Narr und wusste nichts; ich war wie ein Tier vor dir. Dennoch bleibe ich stets an dir; denn du hältst mich bei meiner rechten Hand, du leitest mich nach deinem Rat und nimmst mich endlich mit Ehren an. Wenn ich nur dich habe, so frage ich nichts nach Himmel und Erde. Wenn mir gleich Leib und Seele verschmachtet, so bist du doch, Gott, allezeit meines Herzens Trost und mein Teil. Denn siehe, die von dir weichen, werden umkommen; du bringest um alle, die von dir abfallen. Aber das ist meine Freude, dass ich mich zu Gott halte und meine Zuversicht setze auf den Herrn Herrn, dass ich verkündige all dein Tun.

Die doppelte Beobachtung

Asaph, der den 73. Psalm gedichtet hat, kam in große Anfechtung dadurch, dass er eine doppelte Beobachtung machte: Er lernte, wie schwer der Kampf eines rechten Christenstandes ist, und er bemerkte, wie gut es die Gottlosen haben. Da sagte sein Herz: »Es ist vielleicht doch eine Narrheit, den Weg zum Leben zu betreten. Sollte man es nicht besser mit dem großen Haufen halten?«

Es gibt wohl kaum einen Jesus-Jünger, der nicht irgendeinmal in diese Anfechtung kommt. Ich erinnere mich an einen Mann, der lange Zeit ein treuer Christ gewesen war. Eines Tages aber warf er alles über Bord und lief mit der Welt. Einem Freund erklärte er: »Ach, wie war ich bisher dumm, dass ich so engherzig gelebt habe. Ich habe ja gar nicht mehr gewusst, wie viel die Welt zu bieten hat.«

Das ist eine große Not, wenn das Christenherz Angst bekommt: »Ich komme zu kurz! Ein Weltmensch hat es viel besser.« Gewöhnlich versucht man es dann zunächst so, dass man beides miteinander verbinden will, das Wesen der Welt und das Reich Gottes. Man will die Glückseligkeit der Welt und die Glückseligkeit der Gotteskinder genießen. Weil darüber aber der Geist Gottes betrübt wird, verliert man schließlich Gottes Gnade und das Heil Jesu Christi.

»Ich komme zu kurz, wenn ich Gott gehöre!« Das war die Anfechtung des Asaph. Und sie kam zunächst daher, dass er den Christenstand als zu schwer empfand.

Asaph sieht nur mit einem Auge

Mit ein paar Worten schildert uns Asaph diesen schweren Stand. Dabei hat er völlig vergessen, wie viel Gutes ihm der Herr getan hat. Er hat völlig vergessen, wie viel Trost und Freude und Kraft ihm sein Heiland täglich gibt. Er übersieht völlig, dass es schön ist, im Licht zu wandeln. Das alles ist wie ausgelöscht. Er sieht nur noch das Schwere des Christenstandes.

Damit fängt diese Anfechtung an. Nicht umsonst mahnt der 103. Psalm: »Vergiss nicht, was er dir Gutes getan hat!« Wenn wir das vergessen, dann allerdings wird es gefährlich. Lasst uns doch festhalten, dass Jesus gesagt hat: »Ich bin gekommen, dass sie das Leben und volle Genüge haben sollen.« Lasst es uns nicht vergessen: »Welcher auch seines eigenen Sohnes nicht hat verschonet, sondern hat ihn für uns alle dahingegeben, wie sollte er uns mit ihm nicht alles schenken?« Unser Herr gibt immer mehr, als er fordert. Und was er fordert, das hat er uns zuvor gegeben.

Christenstand ist ein reicher und beschenkter Stand. »Es ist etwas, des Heilands sein, / ich dein, o Jesu, und du mein / in Wahrheit sagen können.« Man muss nur recht den Blick richten auf das Kreuz Jesu. »Welche auf ihn sehen, die werden erquickt, und ihr Angesicht wird nicht zuschanden«, bekennt David.

Alles, was Asaph sagt, ist richtig. Es wird nur dadurch zur Anfechtung, dass er das Gute übersieht.

Asaph schildert die Schwere eines Christenlaufs

Wir wollen hören, was Asaph von dem Schweren sagt: »Mein Herz lebt unsträflich.« Damit will er nicht sagen, dass sein Leben sündlos sei. Aber er sagt, dass das Herz eines Christen nach Sündlosigkeit strebt. O ja, die Heiligung unseres Lebens ist keine leichte Sache. Täglich heißt es: »Welche Christo angehören, die kreuzigen ihr Fleisch samt den Lüsten und Begierden.« »Es geht durch Sterben nur«, singt Tersteegen. Wir wollen uns nicht irremachen lassen durch die, welche uns Engherzigkeit und Gesetzlichkeit vorwerfen. Die Bibel sagt sehr klar: »Jaget nach der Heiligung, ohne welche wird niemand den Herrn sehen.«

»Ich wasche meine Hände in Unschuld«, sagt Asaph weiter. Er meint es anders als Pilatus. Er will sagen: Ich ringe darum, dass meine Hände nicht mitbauen an der ungeheuren Mauer der Schuld, die die Menschen zwischen Gott und sich aufrichten. Wie ein unschuldiges Kindlein will er lieber ein Gespött der »erfahrenen« Welt sein als teilhaben an ihrem Schmutz.

Wir spüren auch aus diesem Wort den tiefen Heiligungsernst des Psalmdichters. Und ich meine, gerade davon könnte unsere heutige Christenheit, die so sehr in das Wesen der Welt verflochten ist, eine Menge lernen.

Weiter sagt Asaph: »Ich bin geplagt täglich.« Wie viel Spott, Feindschaft und Widerstand muss ein Jünger Jesu auf sich nehmen! Da gibt es täglich Auseinandersetzungen und Reibungen mit der ungöttlichen Welt. Wie könnte es anders sein, da ja die Bibel sagt, dass wiedergeborene Gotteskinder »Fremdlinge« sind!

Und dann kommt das Schwerste: »Meine Strafe ist alle Morgen da.« Kinder Gottes kommen nie zu einer Zufriedenheit mit sich selbst, weil sie immer im Gericht Gottes stehen. Unsere alte Art ist nie erstorben. Darum muss Gottes Geist uns immer wieder überführen von unserer Lieblosigkeit, von unserer Selbstsucht, unserer Unwahrhaftigkeit und Unreinheit. Rechte Kinder Gottes werden immer und immer in die Buße geführt.

Das Glück der Westmenschen

Darüber nun weiß Asaph viel zu sagen. Wir können das jetzt hier nicht alles ausführen. Nur einiges sei genannt. Das Wichtigste ist wohl dies: Sie machen sich kein Gewissen aus ihren Sünden. »Ihr Trotzen muss köstlich Ding sein und ihr Frevel wohlgetan heißen.« Was sie auch tun – sie kennen nicht die Gewissensschmerzen, die Gotteskinder so reichlich erfahren. Im Gegenteil: Für ihre Sünde haben sie die herrlichsten Erklärungen. Ihren Geiz nennen sie Sparsamkeit. Ihre Unkeuschheit nennen sie heißes Temperament. ihrer Lieblosigkeit geben sie die schönen Namen: Geradheit und Aufrichtigkeit. Und ihre Lügen nennen sie Klugheit. Und was sie da sagen, das glauben sie selbst – ohne Gewissensnot.

Und dann: Sie können tun, wozu ihre Triebe sie reizen. »Sie tun, was sie nur gedenken.« Da gibt es keinen Kampf um Heiligung. Da weiß man nichts von einem schmerzhaften »Kreuzigen«.

Und in all dem haben sie das, was wir so ersehnen: Erfolg. »Sie sind glückselig in der Welt und werden reich.«

Die Bilanz

Asaph hat sich die Schwere des Christenstandes vor Augen gestellt, und daneben hat er die Glückseligkeit der Welt betrachtet. Und nun? Nun kommt die schreckliche Anfechtung: »Soll es denn umsonst sein, dass ich auf Gottes Wegen gehe?« Soll es denn umsonst sein?!
Asaph hat diese unheimliche Anfechtung überwunden. Es ist sehr lehrreich zu sehen, wie er mit ihr fertig wurde.

Die Wirklichkeit Gottes

Asaph sagt: »Ich ging in das Heiligtum Gottes.« Gesegnete Stunde, wo ein angefochtenes Christenherz nicht mehr Menschen aufsucht, sondern mit all seiner Verzweiflung vor das Angesicht Gottes geht. Denn damit ist die Anfechtung eigentlich schon zu Ende. Er ist ja da! Ohne ihn leben heißt: schräg leben, heißt: an der Wirklichkeit vorbeileben. Das kann ja nur verkehrt sein.
Er ist da! Jetzt gilt: »In dir ist Freude …« So sagt Asaph: »Das ist meine Freude, dass ich mich zu Gott halte.« Und: »Wenn ich nur dich habe, so frage ich nichts nach Himmel und Erde.« Und: »Du, Gott, bist allezeit meines Herzens Trost und mein Teil.«

Asaph hat also erfahren: Solche dunkle Anfechtung kann nur überwunden werden, wenn man sich aufs neue der Gnade seines Heilandes bewusst wird. Nun fällt dem Asaph all das ein, was er vorher vergessen und übersehen hat, nämlich: dass der Herr unser Heil ist und dass uns mit ihm alles geschenkt wird. Wie sollte man da zu kurz kommen können! Was auch die Welt haben mag – es sind Scheinfreuden gegenüber dem überschwänglichen Reichtum Jesu Christi.

Man muss das Ende betrachten

Ja, wir sollten uns nie vom Augenblick bestimmen lassen!

Ich erinnere mich an eine eindrucksvolle Begebenheit. Es war in der Zeit, als wir durch die Nachricht erschreckt wurden, dass Martin Niemöller ins KZ gebracht worden sei. Da sprach der Vater, der alte Pfarrer Niemöller, in Essen. Dabei erzählte er folgende Geschichte: Als man der Mutter Napoleons, Lätitia, zu den Erfolgen ihres Sohnes gratulierte, sagte sie nur: »Er hat das Ende noch nicht gesehen.« Und dann zeigte uns der alte Bruder Niemöller, wie Christen Leute sind, die warten können. Das meint Asaph. Er macht sich klar, dass Gotteskinder am Ende doch nicht zu kurz kommen. Das muss sich schon eines Tages zeigen.

Aber wenn Asaph vom Ende spricht, denkt er weiter, über diesen Weltlauf hinaus. »Ich merkte auf ihr Ende«, sagt er. »Wie werden sie so plötzlich zunichte! Sie gehen unter und nehmen ein Ende mit Schrecken.« Es geht eine gerade Linie von diesem Psalmwort zu dem furchtbaren Satz des Herrn Jesu: »Der Weg ist breit, der in die Verdammnis führt. Und viele sind, die darauf wandeln.«

Jesus-Leute aber haben eine gewisse Hoffnung des ewigen Lebens. »So will ich zwar nun treiben / mein Leben durch die Welt, / doch denk ich nicht zu bleiben / in diesem fremden Zelt. / Ich wandre meine Straßen, / die zu der Heimat führt, / da mich ohn alle Maßen / mein Vater trösten wird.«

Der Blick auf das Ende macht es ganz deutlich: Wir kommen nicht zu kurz bei Jesus! Im Gegenteil! Wir werden überreich beschenkt!

»Welch ein Herr, / welch ein Herr, / ihm zu dienen – welch ein Stand!«

Der »erfolglose« Zeuge

Jesaja 6,8-10:
Ich hörte die Stimme des Herrn, dass er sprach: Wen soll ich senden? Wer will unser Bote sein? Ich aber sprach: Hier bin ich; sende mich! Und er sprach: Gehe hin und sprich zu diesem Volk: Höret, und versteht's nicht; sehet, und merket's nicht! Verstocke das Herz dieses Volks und lass ihre Ohren hart sein und blende ihre Augen, dass sie nicht sehen mit ihren Augen noch hören mit ihren Ohren noch verstehen mit ihrem Herzen und sich bekehren und genesen.

Schwere Stunde

Nirgendwo steht geschrieben, dass dieser Auftrag für den Jesaja eine Anfechtung war. Und so könnte man wohl bezweifeln, ob der Jesaja mit dieser Stunde in die Reihe der angefochtenen Gottesknechte gehört.

Aber wer nur ein wenig im Dienst unseres Herrn gestanden hat, dem ist es kein Zweifel, dass Jesaja hier in der Stille eine schreckliche Anfechtung durchmachen musste. Gerade eben hat er den herrlichsten Einblick in die himmlische Welt getan. Er sah den Herrn sitzen auf dem hohen und erhabenen Thron. Und er hörte die gewaltigen Sprechchöre der Seraphim: »Heilig, heilig, heilig ist der Herr!

Alle Lande sind seiner Ehre voll!« Und nachdem er diese Herrlichkeit gesehen hatte, erfuhr er die größte Seligkeit: Der Herr schenkte ihm Vergebung seiner Sünden.

Wir können uns denken, wie das Herz des Jesaja in dieser Stunde erhoben war, so dass wir uns nicht wundern, dass er sich dem Herrn als Bote zur Verfügung stellt. Es hätte in diesen großartigen Rahmen hineingepasst, wenn der Herr ihm nun in diesem Augenblick dasselbe gesagt hätte, was er dem Nathanael bei seiner Berufung zum Zeugen sagte: »Du wirst noch Größeres denn das sehen. Wahrlich, wahrlich, ich sage euch: Von nun an werdet ihr den Himmel offen sehen« (Joh. 1,51).

Ja, solch eine Verheißung hätte in diese großartige Berufungsstunde gepaßt.

Statt dessen bekommt Jesaja den fürchterlichen Auftrag, das Wort Gottes zu predigen ohne jeden Erfolg. Halt! Wir haben es nicht ganz richtig gesagt! Der Auftrag ist noch schlimmer: Er soll durch seine Predigt nur die völlige Verstockung Israels herbeiführen, damit es vollends reif wird zum Gericht.

Er soll also Prediger werden mit negativem Erfolg. Er soll das Reich Gottes predigen, ohne etwas auszurichten für das Reich Gottes! Was mag in dieser Stunde in der Seele des Jesaja vorgegangen sein? Sein Herz mag geschrien haben: »Herr, sende mich, aber lass mich deine Siege sehen!«

Die Doppelwirkung der göttlichen Botschaft

Der Auftrag, den Jesaja erhielt, hat in der Geschichte des Reiches Gottes eine große Bedeutung bekommen.

Der Sohn Gottes selber hat das Wort auf sich bezogen. Er hatte dem Volk ein Gleichnis erzählt. Wenn wir Beispiele und Gleichnisse in unseren Reden bringen, dann sollen sie die Sache verdeutlichen. Die Gleichnisse Jesu haben eine andere Aufgabe. Er erklärt seinen Jüngern Matthäus 13,13 ff: »Über ihnen wird die Weissagung Jesajas erfüllt: Mit den Ohren werdet ihr hören und werdet es nicht verstehen ..., denn dieses Volkes Herz ist verstockt ..., auf dass sie nicht dermaleinst mit dem Herzen verstehen und sich bekehren, dass ich ihnen hülfe. – Aber selig sind eure Augen, dass sie sehen, und eure Ohren, dass sie hören.«

Hier sagt der Herr Jesus deutlich, dass seine Botschaft eine doppelte Wirkung hat. Bei dem Volk führt sie zur Verstockung, bei den Jüngern zur Erleuchtung.

Gerade dies schreibt der Apostel Paulus an die Korinther: »Wir sind den einen ein Geruch des

Todes zum Tode, den andern aber ein Geruch des Lebens zum Leben.«

Dem Herrn Jesus war diese Jesaja-Stelle offenbar sehr wichtig. Denn er kommt noch ein anderes Mal darauf zurück. In den Tagen zwischen seinem Einzug in Jerusalem und seinem Leiden trat er öffentlich auf, verbarg sich aber auch immer wieder vor seinen Feinden. Und da heißt es: »Sie glaubten doch nicht an ihn, obwohl er solche Zeichen vor ihnen getan hatte ... Darum konnten sie nicht glauben, denn Jesaja sagt: Er hat ihre Augen verblendet und ihr Herz verstockt, dass sie nicht mit dem Herzen vernehmen und sich bekehren ...« Auch der Apostel Paulus spricht von diesem unheimlichen Auftrag an Jesaja (Apostelgeschichte 28,23ff).

Aus all dem wird etwas sehr Wichtiges deutlich: Die göttliche Botschaft wirkt nicht nur Leben, sonder auch Verstockung. Sie hat in jedem Fall eine Wirkung: eine Lebenswirkung oder eine Todeswirkung.

Beim Herrn Jesus und bei seinen Aposteln waren immer beide Wirkungen da. Und so wird es zu allen Zeiten bei einem lebendigen Zeugnis sein.

Das Furchtbare aber beim Auftrag des Jesaja war, dass seine Botschaft nur die Todeswirkung haben sollte.

Die Anfechtung

Ja, das war ein unerhörter und unfassbarer Auftrag, den der Herr dem Jesaja gab.

Wir Jesusjünger von heute sind nicht Propheten. Uns legt Gott eine solch prophetische Anfechtung nicht auf. Für uns ist es schon Anfechtung genug, dass unsere Botschaft auch eine Todeswirkung hat. Uns ist es schon Anfechtung genug, wenn wir so wenig Lebenswirkung der göttlichen Botschaft sehen. Ja, ein kleiner Teil der Jesaja-Anfechtung ist für uns schon große Anfechtung.

Da können in stillen Stunden die Zweifel an der Botschaft aufsteigen. Da fragt das Herz: Ist das Evangelium wirklich noch eine Botschaft für unsere Zeit, die so ganz andere Interessen hat? Sollten wir sie nicht modernisieren? Sollten wir nicht einiges zurückstellen und anderes dazutun? Jeder Zeuge Jesu kennt diese Anfechtung.

Oder es kommen die Zweifel an unserem Auftrag. Wir bekommen ganz einfach Minderwertigkeitskomplexe: »Es fehlt mir die Begabung zu deinem Zeugen.« Oder tiefer: »Ich bin es nicht wert, sein Zeuge zu sein.« Ja, wenn dann in unserem Gesichtskreis ein anderer steht, der äußerlich große Erfolge hat, der zu denen gehört, von denen Jesus sagt, dass sie »in die Ernte gekommen sind«, dann kann der Zweifel riesengroß werden und sich vermischen mit dem schrecklichen Gift, dem Neid.

Oder: Wenn unser Zeugnis so gar keine oder nur negative Wirkung hat, dann erwachen Zorn, Ungeduld, Menschenverachtung, kurz: das ungeistliche Wesen. Wie oft haben wir es erlebt, dass Zeugen Jesu durch ihre scheinbare Erfolglosigkeit in eine ungeistliche, lieblose, menschenverachtende Art hineingekommen sind.

Dies alles, was wir eben nannten, sind Anfechtungen, von denen die Welt nichts ahnt. Sie werden ausgefochten in den Herzen derer, die irgendwann einmal gesagt haben: »Hier bin ich, sende mich.« Und dabei sind nicht nur Berufsarbeiter im Reiche Gottes gemeint.

Wie überwindet Jesaja die Anfechtung?

Davon wird uns nichts gesagt. Wir können den ganzen Jesaja durchlesen: Es wird uns nichts darüber erzählt.

Und doch gibt uns das ganze Jesajabuch die Antwort auf unsere Frage: Jesaja war einfach dem Herrn gehorsam. Er hat seine Botschaft ausgerichtet. Er hat nicht danach gefragt, ob Menschen ihm Beifall klatschten. Er hat nur auf den Herrn geschaut, was der ihm zum Predigen auftrug.

Dasselbe sagt der Apostel Paulus den Galatern: »Wenn ich den Menschen noch gefällig wäre, so wäre ich Christi Knecht nicht. Ich tue euch aber kund, liebe Brüder, dass das Evangelium, das von mir gepredigt ist, nicht menschlich ist. Denn ich habe es von keinem Menschen empfangen noch gelernt, sondern durch die Offenbarung Jesu Christi.«

Noch einmal sei es gesagt: »Wir sind weder Propheten noch Apostel. Aber für unseren Zeugendienst können wir hier viel lernen. Zeugen Jesu dürfen nicht Erfolgshascher sein. Sie dürfen einfach glauben, dass der Herr sie gesetzt hat, »Frucht zu bringen«. Die Frucht kann Leben oder Verstockung sein, dass ist seine Sache. Der Herr fragt nicht nach unserem Erfolg, sondern nach unserem Gehorsam und nach unserer Treue!

Sehen wir nur zu, dass wir lauter und unanstößig vor ihm wandeln! Strecken wir uns nur recht aus nach einer fortschreitenden Erkenntnis der Gnade Gottes in Jesus Christus! Seien wir nur treu in der Erfüllung seiner Aufträge. Alles Übrige ist seine Sache.

Als ich einst sehr niedergeschlagen war durch Erfolglosigkeit und Rückschläge in meiner Arbeit, schrieb meine Frau mir ein Verslein, das ich gerahmt über meinen Schreibtisch hängte: »Streu deinen Samen aus, dann lass Gott sorgen. Er lässt ihn wachsen fein zum Erntemorgen.«

Die Anfechtung, die aus der Erfolglosigkeit kommt, überwinden die Zeugen des Herrn durch einfachen Gehorsam.

Kraftquellen

Je mehr ich mich in diese Anfechtungsstunde des Jesaja versenkte, desto schrecklicher und gewaltiger erschien mir das, was der Herr ihm auferlegte. Man denke: ein Mannesleben an die Botschaft Gottes rücken mit dem einzigen Ziel, ein Volk vollends in die Verstockung zu treiben! Das ist mehr, als wir uns vorstellen können.

Und darum habe ich mir überlegt, ob nicht etwas sichtbar wird von geheimen Kraftquellen, die dem Jesaja für seinen schweren Auftrag zur Verfügung standen – Kraftquellen, die auch uns zur Verfügung stehen müssen in unseren viel kleineren Erfolglosigkeiten und Anfechtungen. Und solche Kraftquellen sind vorhanden.

Da ist zunächst zu nennen die eigene herrliche Heilserfahrung. Jesaja hat einen unauslöschlichen Eindruck bekommen von der Heiligkeit des dreieinigen Gottes. Und er hat es erlebt, wie der Engel mit der glühenden Kohle seine unreinen Lippen berührte. Wir dürfen dies als symbolische Handlung deuten und so eine durchdringende Erfahrung von der Vergebung der Sünden heraushören. Die Gewissheit der Gegenwart und Macht Gottes und die Gewissheit der Sündenvergebung verleihen auch in den erfolglosesten Stunden und in den dunkelsten Anfechtungen große Kraft. »Es ist etwas, des Heilands sein, / ich dein, o Jesu, und du mein / in Wahrheit sagen können, / ihn seinen König, Herrn und Ruhm / und sich sein Erb und Eigentum / ohn allen Zweifel nennen.« Ja, das ist etwas!

Und dann: Der Jesaja hatte sein Ohr am Mund Gottes. Wie herrlich ist es, im grauen Alltag der Erfolglosigkeit zu hören, was er sagt! So dürfen auch wir beständig ihn hören, wenn wir im Worte Gottes leben.

Und vor allem: Jesaja lebte im Licht des Kreuzes und der Auferstehung Jesu. Wie köstlich sind all die Verheißungen auf Jesus, die Jesaja bringt! Und dabei ist es bezeichnend, dass die meisten Verheißungen von ihm so gesagt werden, als seien sie schon erfüllt. Zum Beispiel: »Uns ist ein Kind geboren, ein Sohn ist uns gegeben.«

Wer aus diesen Kraftquellen lebt, kann getrost Zeuge des Herrn sein.

Die Ungerechtigkeit in der Welt

Habakuk 1,2-4:
Herr, wie lange soll ich schreien, und du willst nicht hören? Wie lange soll ich zu dir rufen über Frevel, und du willst nicht helfen? Warum lässest du mich Mühsal sehen und siehest dem Jammer zu? Raub und Frevel sind vor mir. Es geht Gewalt über Recht. Darum ist das Gesetz ohnmächtig, und keine rechte Sache kann gewinnen. Denn der Gottlose übervorteilt den Gerechten; darum ergehen verkehrte Urteile.

Eine traurige Zeit

Wir wissen eigentlich gar nichts über den Propheten Habakuk. Immerhin sind sich die Ausleger darin ziemlich einig, dass er wohl während der Zeit der Könige Manasse und Amon gelebt hat. Über den König Manasse lesen wir in der Chronika und in den Königsbüchern viel Schlimmes. »Er tat, was dem Herrn übel gefiel, nach den Gräueln der Heiden.« »Auch vergoss Manasse sehr viel unschuldiges Blut, bis dass Jerusalem aller Orten voll war – außer der Sünde, durch die er Juda sündigen machte, dass sie taten, was dem Herrn übel gefiel.« Und von dem Sohn des Manasse lesen wir: »Er wandelte in allem Wege, den sein Vater gewandelt hatte. Er tat, was dem Herrn übel gefiel, wie sein Vater Manasse getan hatte.«

Dazu brauchen wir nicht mehr viel zu sagen. Der König verließ mit seinem Volk die Wege des Herrn und diente den Götzen. Das ist ja nicht nur eine religiöse oder weltanschauliche Veränderung. Wo man Gott nicht mehr fürchtet, da werden die Gebote Gottes beiseite getan. Dann weiß schließlich kein Mensch mehr, was gut ist und was böse ist. Dann kommt das sittliche Chaos: »Wo Gottes Wort nicht mehr gepredigt wird, wird das Volk wild« (Luther). In dieser Zeit lebte der Prophet Habakuk.

Die Anfechtung

Man hat nicht den Eindruck, dass der Prophet besonders unglücklich ist, weil ihn persönlich eine Ungerechtigkeit getroffen hätte. Aber die Lage im Volk erfüllt sein Herz mit Verzweiflung. Wir spüren aus seinen Worten ja diese unendliche Herzensnot heraus. »Wie lange soll ich schreien, und du willst nicht hören? Wie lange soll ich zu dir rufen über Frevel, und du willst nicht helfen? Warum siehst du dem Jammer zu?«

Es geht traurig zu im Volk. »Der Gottlose übervorteilt den Gerechten, darum ergehen verkehrte Urteile.« Oder: »Es geht Gewalt über

Recht.« Dass es im Volk so zugeht und dass Gott dazu schweigt – das erfüllt das Herz des Propheten mit Bitterkeit.

Der Prophet weiß etwas von der Wichtigkeit des göttlichen Rechtes. Und darum entsetzt es ihn, »dass das Recht ohnmächtig wird«. Überall sieht er dasselbe: »Keine rechte Sache kann gewinnen.« Die Gewalttätigen boxen sich durch. Und die redlichen Gemüter werden nach unten getreten.

In all dem schildert der Prophet ja im Grunde die Welt, wie sie immer gewesen ist und wie sie immer sein wird. Allerdings gibt es Zeiten, in denen das Wesen der gefallenen Welt besonders schmerzhaft offenbar wird. Und da fängt das Herz der Gläubigen an zu schreien zu dem Herrn aller Herren. Es ist eine große Anfechtung, dass er einfach zuschaut, dass er nicht eingreift, dass er gleichsam taub ist für das Schreien seiner Kinder. Die Ungerechtigkeit der Welt ist eine große Anfechtung für redliche Gemüter. Und so kommt es dann, dass viele Menschen einfach verbittert werden. Es gibt mir jedes Mal einen Stich durchs Herz, wenn ich solch einen verbitterten Menschen sehe, der das Unrecht der Welt nicht mehr ertragen kann.

Es gibt für den Weltmenschen noch eine andere

Möglichkeit: Er wird Anarchist und Revolutionär. Und viele der ganz großen Revolutionäre waren edle Gemüter, die die Ungerechtigkeit der Welt nicht mehr ertrugen. Sie bedachten dabei nicht, dass jede Revolution ja nur neue Ungerechtigkeit heraufführt; sie ändert nicht das Angesicht und das Wesen der Welt.

Gott antwortet

Das Herz des Propheten – das spüren wir immer neu in den drei Kapiteln des Habakukbuches – steht am Rand einer großen Verzweiflung über die Ungerechtigkeit der Welt und das Schweigen Gottes.

Aber er geht weder den Weg der Verbitterung noch den Weg der Revolutionäre. Bei ihm heißt es: »Dennoch bleibe ich stets an dir.« Und dann erfährt er, dass der Herr dem antwortet, der ihn anruft. Die ersten drei Verse, die wir über diesem Kapitel abgedruckt haben, führen uns gleichsam in die Lage des Habakuk hinein. Aber in dem Folgenden finden wir nun die Antwort Gottes, die der Herr seinem angefochtenen Knecht gibt.

Habakuk hat nicht aufgehört, zum Herrn zu rufen, bis er Antwort bekam. Das ist eine wundervolle Sache. Die Welt, in der Habakuk lebte, war wie ein verschlossenes Zimmer, das mit erstickenden Gasen erfüllt ist. Ja, so können die Verhältnisse in dieser Welt werden, dass man das Gefühl hat: »Ich kann jetzt nicht mehr leben. Ich kann es nicht mehr ertragen.« Aber da stößt der Prophet ein Fenster nach oben auf. Er schlägt – um im Bilde zu bleiben – gleichsam das Dach hinaus. Er ruft so lange zum Herrn, bis er eine Antwort bekommt. Und er bekommt Licht von oben. Alle Knechte Gottes bezeugen mit David: »Da ich den Herrn suchte, antwortete er mir.«

In den folgenden Abschnitten wollen wir nun hören, was denn der Herr dem Habakuk für eine Antwort gibt. (Diese Antwort Gottes können wir hier nicht abdrucken, weil das zu viel Raum einnehmen würde. Ich empfehle aber den Lesern, Kapitel 1,2 und 3 im Propheten Habakuk zu lesen.)

Nur getrost, es kommt noch schlimmer!

Das ist ein merkwürdiger Trost, den der Herr seinem Knecht gibt. Das Herz des Propheten ist erfüllt mit Verzweiflung über die Ungerechtigkeit der Welt. Darauf antwortet ihm der Herr: »Fass dein Herz in Geduld!«

Die Welt ohne Gott muss bis zum bitteren Ende auskosten, was sie sich selber eingeschenkt hat. Der Herr sagt durch den Mund des Propheten Jeremia: »Du musst erfahren und innewerden, was es für Jammer und Herzeleid bringt, den Herrn, deinen Gott, verlassen und ihn nicht fürchten.«

Und nun schildert der Herr dem Habakuk die kommenden Schrecken, die die babylonischen Heere über Israel bringen werden. Aber wenn wir diesen Abschnitt im ersten Kapitel lesen, fühlen wir ganz deutlich, dass hier eigentlich gar nicht von den Babyloniern die Rede ist, sondern von den Heeren des Antichristen, der am Ende der Weltzeit kommen wird. Die Schilderung dieser antichristlichen Zeit stimmt völlig mit dem überein, was die Offenbarung sagt. Es seien nur ein paar Dinge angedeutet:

Der Antichrist »verheizt« die Menschen. »Sie werden Gefangene zusammenraffen wie Sand.« Der Mensch gilt nicht mehr. Der Antichrist wird dafür sorgen, dass es keine Sicherheit in der Welt mehr gibt. Bei Habakuk heißt es: »Alle Festungen werden ihnen ein Scherz sein.«

Und das Schrecklichste: Gott ist abgesetzt, aber man ist doch nicht ohne Religion. »Ihre Macht muss ihr Gott sein.« Nicht wahr, das sind Dinge, die wir anfangsweise schon erlebt haben. Und es ist sehr wichtig, dass wir auf diesen seltsamen Trost Gottes achten: Die Ungerechtigkeit der Welt muss bis zum Äußersten offenbar werden.

»Dass Jesus siegt, bleibt ewig ausgemacht ...«

Ja, das ist die zweite Antwort, die der Herr dem unter der Ungerechtigkeit der Welt leidenden Knecht gibt: Am Ende »wird die Erde voll werden von Erkenntnis der Ehre des Herrn, wie Wasser das Meer bedeckt«.

Es ist wundervoll, wie alle drei Kapitel des Propheten Habakuk gleichsam hinüberschauen auf die Endzeit, von der die Offenbarung Johannes uns deutlicher berichtet.

Man muss diesen Propheten ganz im Licht des Neuen Testaments lesen. Im dritten Kapitel schildert er die Herrlichkeit der Epiphanie, d.h. der Erscheinung des Herrn. Vielleicht spricht er da vom Kommen des Herrn auf dem Sinai. Aber wir können es ja gar nicht anders lesen, als dass hier von der Wiederkunft des Herrn in Herrlichkeit die Rede ist. »Sein Glanz war wie Licht; Strahlen gingen von seinen Händen; darin war verborgen seine Macht.« Wer sieht hier nicht den wiederkommenden Herrn Jesus vor sich? Und in seinen Händen sind die Zeichen zu sehen, die Nägelmale. Weil er diese Nägelmale trägt, »darum hat ihm Gott einen Namen gegeben, der über alle Namen ist«. Ja, in den Händen ist verborgen seine Macht.

Das ist wirklich ein Trost für Menschen, die die Ungerechtigkeit der Welt fast nicht mehr ertragen können. »Zion hört die Wächter singen, / das Herz tut ihr vor Freude springen, / sie wachet und steht eilend auf. / Ihr Freund kommt vom Himmel prächtig …«

Dieser Trost wurde dem Propheten Habakuk gegeben, und er schildert uns wundervoll, wie diese Tröstung zu ihm kam. Wie etwa in einer belagerten Burg ein Wächter auf dem Turm steht und schaut und schaut – so ging es dem Propheten: »Hier stehe ich auf meiner Hut und trete auf meine Feste und sehe zu, was mir gesagt werde und was meine Antwort sein solle auf mein Rechten. Der Herr antwortet mir: Die Weissagung wird ja noch erfüllt werden zu seiner Zeit …«

Der Gerechte wird seines Glaubens leben

Mag die Welt in ihrer Ungerechtigkeit, in ihrem Schmutz und Frevel ersticken – der Gerechte wird seines Glaubens leben. Dieses Wort ist ein Zentralwort der Bibel. Das wird daran deutlich, dass es sowohl im Römerbrief als auch im Galaterbrief und schließlich im Hebräerbrief erwähnt wird. Es zieht sich wie ein roter Faden durch die ganze Bibel hindurch. Und das Neue Testament legt uns aus, wie dies Wort zu verstehen sei.

Der Gerechte – das ist der, den Gott gerecht gesprochen hat, weil er seine Sünden unter Jesu Kreuz niedergelegt hat und von Herzen glaubt an das versöhnende Opfer Jesu am Kreuz.

Dieser Gerechte lebt. Die Welt vegetiert, ängstet sich. Einer tritt den andern nieder. Sie erstickt förmlich in ihrem eigenen Unflat. Der Gerechte aber lebt im Umgang mit dem himmlischen Vater. Der Heilige Geist erfüllt sein Herz, und mitten im Jammer der Welt stimmt er Lobgesänge an.

Und dieser Gerechte lebt aus Glauben. In der Welt finden wir keinen Trost. Er lebt nicht aus seinen Werken; denn das hat er gelernt, dass die immer befleckt sind. Aber er schaut auf das Kreuz von Golgatha, in dem sich ihm Gottes Herz öffnet. Er erfährt: »Welche auf ihn sehen, die werden erquickt, und ihr Angesicht wird nicht zuschanden.«

Das ist der Trost, den der Herr dem Habakuk gab und den er auch uns gibt.

Temperaturschwankungen des Glaubens

Matthäus 14,19-33:
Und Jesus hieß das Volk sich lagern auf das Gras und nahm die fünf Brote und die zwei Fische, sah auf gen Himmel und dankte und brach's und gab die Brote den Jüngern, und die Jünger gaben sie dem Volk. Und sie aßen alle und wurden satt und hoben auf, was übrig blieb an Brocken, zwölf Körbe voll. Die aber gegessen hatten, waren bei fünftausend Mann, ohne Weiber und Kinder. Und alsbald trieb Jesus seine Jünger, dass sie in das Schiff traten und vor ihm herüberfuhren, bis er das Volk von sich ließe. Und da er das Volk von sich gelassen hatte, stieg er auf einen Berg allein, dass er betete. Und am Abend war er allein daselbst. Und das Schiff war schon mitten auf dem Meer und litt Not von den Wellen; denn der Wind war ihnen zuwider. Aber in der vierten Nachtwache kam Jesus zu ihnen und ging auf dem Meer. Und da ihn die Jünger sahen auf dem Meer gehen, erschraken sie und sprachen: Es ist ein Gespenst! Und schrien vor Furcht. Aber alsbald redete Jesus mit ihnen und sprach: Seid getrost, ich bin's; fürchtet euch nicht! Petrus aber antwortete ihm und sprach: Herr, bist du es, so heiß mich zu dir kommen auf dem Wasser. Und er sprach: Komm her! Und Petrus trat aus dem Schiff und ging auf dem Was-

ser, dass er zu Jesus käme. Er sah aber einen starken Wind; da erschrak er und hob an zu sinken, schrie und sprach: Herr, hilf mir! Jesus aber reckte alsbald die Hand aus und ergriff ihn und sprach zu ihm: O du Kleingläubiger, warum zweifelst du? Und sie traten in das Schiff, und der Wind legte sich. Die aber im Schiff waren, kamen und fielen vor ihm nieder und sprachen: Du bist wahrlich Gottes Sohn!

Siegesstimmung

Ein gewaltiges Zeichen hatte Jesus getan. 5000 Menschen hatte er satt gemacht. Aus Johannes 6,15 erfahren wir, dass das Volk in seiner Begeisterung auf der Stelle den Herrn Jesus zum König ausrufen wollte.
Wie war wohl das Herz der Jünger in dieser Stunde mit Freude erfüllt! Endlich begannen die Massen zu begreifen, wie herrlich ihr Heiland war. Sie waren in dieser Stunde sicher bereit, ihm alles zuzutrauen und jedes Opfer für ihn zu bringen.
Jeder gläubige Christ kennt diese hohen Stunden, in denen das Herz singt: »Jesus Christus herrscht als König, / alles wird ihm untertänig …«

Die abgebrochene Siegeslinie

Es ist merkwürdig, dass Jesus in diesem Augenblick seine Jünger in das Schiff »trieb«. Er

bittet sie nicht, er redet ihnen nicht zu, er befiehlt ihnen nicht. Er schickt sie weg wie kleine Kinder, die man abends ins Bett schickt. Und dann treibt er das Volk ebenso von sich.
Seltsam! Hätte Jesus nicht allen Grund gehabt, diese Erweckungsstimmung auszunützen? So denkt unsere Vernunft. Aber Jesus tut genau das Gegenteil. Albrecht Bengel hat gesagt: »Für die Vernunft sieht es aus, als verstände Gott sich schlecht auf seinen Vorteil.«
Jeder Jesusjünger kennt diese Enttäuschung, wenn so eine Siegeslinie plötzlich abgebrochen wird – wenn nach einer Evangelisation auf einmal alles armseliger zu sein scheint als vorher – oder wenn in unserem eigenen Leben es aussehen will, als seien wir wieder auf die Anfänge unseres Christenlebens zurückgeworfen.
Warum handelt Jesus so? In Johannes 12,24 erklärt er: »Es sei denn, dass das Weizenkorn in die Erde falle und ersterbe, so bleibt's allein; wo es aber erstirbt, so bringt es viele Früchte.« Sowohl das Christenleben als auch das Leben der Gemeinde Jesu trägt immer das Kreuzeszeichen. »Es geht durch Sterben nur.«

Widerwärtigkeiten

»Sie litten Not von den Wellen; denn der Wind war ihnen zuwider.« Grauester Alltag! Alles scheint verkehrt zu gehen. Wo ist nun die Siegesfreude vom Nachmittag? Jetzt ist sie wenige Stunden später in tiefe Depression verwandelt.

Ich erinnere mich, wie ich einmal in der »Hammerhütte« in Siegen eine herrliche Segensstunde erlebte. Mein Glaube war so groß, dass ich dachte, ich könnte allen Gewalten der Hölle trotzen. Aber als ich meinen Wagen nach Hause steuerte, ging es immerzu durch dicken Nebel. Man kam nicht vorwärts. Und dann wurde es meinem jungen Begleiter schlecht. Das zwang mich, immer wieder den Wagen anzuhalten. Und mit Schrecken entdeckte ich, wie schnell mein großer Glaubensmut vom Nachmittag verflogen war.

Da musste ich an Paulus denken, der mit Silas zerschlagen im Kerker sitzt und doch Loblieder singt. Erst der, der die Loblieder singt, auch wenn der Wind zuwider ist, hat das Evangelium richtig begriffen.

Die Not der Herzen

Das ist eine Not, wenn unsere Glaubensfreude durch die alltäglichen Widrigkeiten so gedämpft wird, dass nur noch Verzagtheit da ist. Aber das war nicht die einzige Not der Jünger. Es kam noch etwas anderes dazu:

Sie hatten Jesus aus den Augen verloren. Es gibt nichts Schrecklicheres für Menschen, die gewohnt sind, mit Jesus zu leben, als wenn seine Gegenwart ihnen verdunkelt wird.

Und nun kommt die tiefste Not: In dieser dunklen Stunde kam auf einmal das Unterste der Herzen wieder zum Vorschein: »Sie sprachen: Es ist ein Gespenst! Und schrien vor Furcht.« War denn durch die Gegenwart Jesu der alte Aberglaube nicht längst abgetötet? War die tiefe Furcht, die ganz unten im Menschenherzen sitzt, nicht ausgerottet?

Das ist eine schreckliche Not, wenn Christen auf einmal merken, dass die »alte Sünde« wieder auftaucht; dass das Tiefste des Herzens noch gar nicht umgewandelt ist.

Und das geschah den Jüngern ausgerechnet nach dem Siegesnachmittag. Es ist eine alte Erfahrung, dass Jesusjünger nach besonders reichen Segenstagen an sich selber die tiefsten Enttäuschungen erleben.

Das könnte beinahe so aussehen, als sei im Leben der Jünger überhaupt nichts geändert worden. Nun, so ist es nicht. Wer Jesus gehört, erfährt wohl noch schmerzlich die Macht der Sünde. Aber er dient ihr nicht mehr. Er sieht sie als seinen Feind an. Paul Humburg sagte einmal: »Ein bekehrter Jesusjünger ist nicht sündlos. Aber vor seiner Bekehrung sündigte er fahrplanmäßig. Nach seiner Bekehrung ist die Sünde ein Eisenbahnunglück.«

Geborgen!

Wie mag wohl den Jüngern zumute gewesen sein, als in ihren ganzen Jammer hinein das Wort des Herrn tönte: »Seid getrost, ich bin's! Fürchtet euch nicht!« So kann in der ganzen Welt niemand sprechen außer dem Herrn Jesus selbst. Und: »So er spricht, so geschieht's; so er gebeut, so steht's da.«
Wenn Jesus einem Herzen und Gewissen sagt: »Fürchte dich nicht!«, dann ist die Furcht wirklich verschwunden, und der Friede kehrt ein. Die ganze Geschichte zeigt zwischen den Zeilen, wie mit einem Schlag die Situation der Jünger verändert war. »Ach, mein Herr Jesu, / dein Nahesein / bringt großen Frieden ins Herz hinein. / Und dein Gnadenanblick / macht uns so selig, / dass Leib und Seele darüber fröhlich / und dankbar wird.« Da heißt es nun wirklich: »Die Freude am Herrn ist eure Stärke.«

Glaubensmut

So dachte auch Petrus. Alle Depression ist verschwunden. David sagte: »Mit meinem Gott kann ich über die Mauern springen.« Und Petrus: Mit meinem Herrn Jesus will ich über die wilden Wellen gehen.

Es würden wohl keine großen Dinge in der Welt geschehen, wenn nicht Christenherzen immer wieder diesen fröhlichen Glaubensmut fassen könnten, der ihnen sagt, dass mit Jesus das Unmögliche möglich wird.

Wieder eine Niederlage

Nach den bisherigen Erfahrungen dieses Tages hätte man dem Petrus wohl zutrauen müssen, dass er nun auf dieser Glaubenshöhe bleibt. Wir sehen ihn über das Wasser schreiten. Sein Blick ist auf den Herrn gerichtet. Ach, wäre er doch dabei geblieben, unverwandt auf seinen Herrn zu schauen! Aber er erlebt, was auch wir so oft erleben, dass die Dinge dieser Welt sich sehr geräuschvoll bemerkbar machen. »Er sah aber einen starken Wind; da erschrak er und hob an zu sinken.« Auf einmal ist die Natur nur noch drohend und schrecklich. Auf einmal sieht er nur noch eine Umwelt, die sich gegen ihn verschworen hat. Blitzartig fängt sein Gehirn an zu berechnen, welche entsetzliche Tiefe unter seinen Füßen ist. Er ist jetzt bloß noch ein Mann der Vernunft, der rechnet, wie ein Mensch rechnet, und der die Macht des Herrn in keiner Weise mehr einkalkuliert.

Schreckliche Stunden sind das, die keinem Christenleben erspart bleiben, wo die Welt mit ihren Drohungen und Sorgen bereitenden Wellen viel mächtiger zu sein scheint als der Herr.

Ein Gebet aus Herzensgrund

Als die Wogen über Petrus zusammenschlagen wollen, besinnt er sich auf seinen starken Herrn. Und nun kommt ein Schrei aus seinem Mund: »Herr, hilf mir!«
Es gibt mancherlei Gebete. Da sind die Gebete in der kirchlichen Agende. Wenn der Pfarrer sagt: »Lasst uns beten!«, dann faltet die Gemeinde die Hände und beugt das Haupt. Wenn ich das sehe, frage ich mich manchmal erschrocken: »Wie viele werden wohl jetzt richtig mit dem Herrn reden?« Und dann gibt es das Gebet des Pharisäers, der dem Herrn alle seine Tugenden ausbreitet. Es gibt Tischgebete, die so leer sind, dass einmal ein christlicher Mann darüber spottete: »Es ist nur ein Wa-wa-wa über dem Suppenteller.«
Wie anders das Gebet des Petrus! Da ist die Verzweiflung über die eigene Ohnmacht und das Vertrauen zu der Stärke des Herrn. Da ist das Wissen um die Abgründe unter seinen Füßen und das Vertrauen zu der starken Hand

Jesu. Dass wir doch dies Gebet recht lernten: »Herr, hilf mir!« So sollten wir rufen in den Nöten unseres Lebens. »Herr, hilf mir!« sollten wir rufen, wenn die Anfechtungen der Sünde zu stark werden. »Herr, hilf mir!« – das ist die Antwort des Glaubens auf das Evangelium.

Erfahrung der Errettung

»Jesus aber reckte alsbald die Hand aus und ergriff ihn.« So hat der Herr Jesus wieder die Hand ausgestreckt und hat den Petrus ergriffen, als der nach der Auferstehung Jesu meinte, er sei nicht mehr tüchtig zum Jüngersein und Apostelamt. Davon erzählt Johannes 21. Errettung, die man erfahren hat – das ist die Melodie der ganzen Bibel. Israel wird aus Ägypten errettet. Und die Gemeinde Jesu wird errettet durch das Blut Jesu von Sündenschuld und Sündenmacht, vom drohenden Gesetz und von der Verlockung der Welt, von der Macht Satans und vom ewigen Verderben.

Jesus allein

Welche Temperaturschwankungen hat der Glaube der Jünger in kurzer Zeit durchgemacht! Es ist tröstlich, das zu lesen; denn jeder Jesusjünger leidet unter diesen Temperaturschwankungen des Glaubens. Davon weiß ein unbekehrter Mensch nichts. Aber einer, der sich aufgemacht hat, Jesus nachzufolgen, weiß davon um so mehr. Und er lernt über all den Schwankungen: »Mein Heil beruht nicht in mir, sondern allein in Jesus und dem, was er für mich getan hat.« So lernt man dann als reifste Erfahrung seines Glaubenslebens singen: »Auf dem Lamm ruht meine Seele ...«

Der ungestillte Ehrgeiz

Markus 9,33-34:
Und Jesus kam gen Kapernaum. Und da er daheim war, fragte er sie: Was handeltet ihr miteinander auf dem Wege? Sie aber schwiegen; denn sie hatten miteinander auf dem Wege gehandelt, welcher der Größte wäre.

Große Männer – ganz klein

Das Wort »lieb« spielt in christlichen Kreisen eine Rolle, die ihm oft nicht zukommt. »Wie geht's Ihrer lieben Frau?« pflegt man zu sagen, obwohl man heimlich denkt: »Ich bin froh, dass ich mit dieser zänkischen Dame nicht verheiratet bin.« Und der Pfarrer beginnt seine Predigt oft mit den Worten: »Liebe Gemeinde!« Das geht glatt von den Lippen, obwohl man sich oft fragt: »Hat dieser Pfarrer seine Gemeinde wirklich brennend lieb?« Und es ist mir gar nicht sicher, ob die »liebe« Gemeinde den Pfarrer so sehr liebt. Kürzlich erzählte jemand lachend, ein Bruder habe seinen abreisenden Gast gefragt: »Wann geht Ihr lieber Zug?«

Kurz, ich meine, wir sollten mit dem Wörtlein »lieb« getrost etwas sparsamer umgehen, damit es seine Bedeutung behält.

Obwohl wir nun also eine Inflation dieses

Wörtleins haben, fiel es mir auf, als ich es in einem alten Predigtband fand. Da war die Rede von den »lieben Jüngern«. Einen Augenblick stutzte ich. Und dann musste ich mir sagen: »Hier passt es her.«

Ja, die Jünger Jesu, der Petrus und der Johannes und der Philippus und all die anderen, sind der Christenheit unendlich »lieb« geworden. Von Jugend auf haben wir ihr Bild eingeprägt bekommen. Sie sind uns Vorbilder in der Nachfolge und Anhänglichkeit an den Herrn Jesus. Sie sind unsere Bewunderung wert, weil sie als arme und schlichte Leute die Welt mit dem Evangelium erfüllt haben. Und wir beugen uns vor ihrem Glaubensmut, mit dem sie fast alle den Märtyrertod auf sich genommen haben, Ja, sie sind uns »lieb«.

Gerade darum bedrückt es uns, dass unsere Textgeschichte sie sehr klein und armselig zeigt. Dass man sich in einem Kegelklub um den Posten des Präsidenten zankt – nun, das verwundert uns nicht sehr. Aber dass die Jünger in solch armseligen Zank verwickelt werden – diese »lieben« Jünger! -, das ist bedrückend. Und zugleich beachtenswert!

Ehe wir auf diesen Zank eingehen, wollen wir uns klarmachen, wie es doch ein Beweis für die Wahrhaftigkeit der Bibel ist, dass sie uns auch eine solche Geschichte berichtet. Der Markus hätte diese Begebenheit sicher unterschlagen können. Warum hat er es nicht getan, wo ihm doch die Jünger gewiss ebenso lieb waren wie uns? Darum, weil er die volle Wahrheit zu bezeugen hat. Wer eine Lebensbeschreibung verfaßt, der weiß, dass es gut ist, nicht alle kleinen und großen Schwächen des Dargestellten zu zeigen. In der Bibel aber haben wir die volle Wahrheit. Da ist nur ein Einziger ohne Sünde: Jesus Christus!

Zank – warum?

Die lieben Jünger zankten sich wie Schulbuben. Es ging um die Frage: »Wer ist eigentlich der Größte unter uns?«

Wie ist da die alte, ungebrochene Natur bei den Jüngern hervorgetreten! Das ist die Art unserer Natur, dass wir herrschen wollen, dass wir eine Rolle spielen wollen, dass wir Ehre haben wollen.

Ich höre nirgendwo von den Jüngern, dass einer sich sexuellen Ausschweifungen ergeben hätte oder dass sich einer unter ihnen betrunken hätte. Diese Sünden hatten keinen Raum im Jüngerkreis. Aber dieser Drang nach oben, dieser Wunsch, eine Rolle zu spielen und Ehre von den anderen zu bekommen – diese Sünde war ungehemmt bei ihnen zu finden. Sie muss also tief in der menschlichen Natur sitzen.

Und darum vergiftet dieser Streit bis heute immer wieder die christliche Gemeinde: »Wer ist der Größte?«

Die Kirche hat diesem »Drang nach oben« ein Ventil geöffnet, indem sie Ehren verteilt. Da gibt es Titel und Ehrendoktoren, da gibt es Diplome für verdiente Küster und Älteste, da gibt es 25-, 40- und 50-Jahr-Jubiläen, wo der Gefeierte gebührend geehrt wird. Und niemand nimmt daran Anstoß. Man denkt wohl, dass dies Ventil für den Ehrgeiz eine notwendige Sache sei.

In den Gemeinschaften gibt es solche Ehrenstellen nicht. Darum schwelt oft im geheimen ein böser Brand. Da hat man einem Chor beim Jahresfest nicht genügend gedankt. Nun ist der Chor beleidigt und will nicht mehr mitmachen. Da leidet ein Kreis daran, dass zwei Brüder heimlich um den entscheidenden Einfluss kämpfen. Da ringt ein Prediger verzweifelt um seine Stellung, weil ein Vorstandsmitglied ihm den Wind aus den Segeln nimmt und alles bestimmen will.

Also – diese Geschichte ist so alt wie das ganze Christentum. Schon im Jüngerkreis ging es um die Frage: »Wer ist der Größte?«

Ich bedaure, dass uns nicht berichtet wird, an welcher Sache sich der Streit entzündet hat. Vielleicht ging es um die Frage: »Wer ist dem Herrn der Nächste?« Drei der Jünger pochten darauf: »Wir durften den Herrn auf den Berg der Verklärung begleiten!« Vielleicht auch stritten sie einfach darum, wer das Zeugnis am besten ausrichten konnte, wer der beste und erfolgreichste Evangelist sei. Oder es ging darum, wer am meisten verlassen habe, als sie in die Nachfolge Jesu traten. Oder: »Wer wird den Platz zur Rechten und zur Linken des Herrn bekommen im messianischen Reich?« Wir wissen ja, dass die Jünger auch darum gestritten haben.

Solche Fragen haben die lieben Jünger sicher zuerst in ihren Gedanken herumgetragen. Im Gehirn und im Herzen fangen solche Streitigkeiten ja an. Und eines Tages waren die Herzen zu voll. Da genügte ein Wort, das einer von ihnen unvorsichtig und etwas hochmütig sagte, um alle auf die Schanzen zu treiben.

Es war eine Anfechtung

Es war den Jüngern völlig klar, dass sie hier ungeistlich und ungöttlich handelten. Denn als der Herr Jesus sie fragte: »Worüber habt ihr geredet auf dem Weg?«, – da schwiegen sie verlegen. Sie schämten sich im Licht seines Angesichtes. Jetzt wollten sie sich nicht mehr zu ihrem »Drang nach oben« bekennen. Vor Jesu Augen erschien dieser Streit in einem anderen Licht.

Noch einmal – sie wussten: Es ist Sünde. Und doch haben sie den Streit geführt.

Und genauso geht es heute bei den Kindern Gottes. Da ist manch ein Mensch, der den großen Sünden der Welt den Abschied gegeben hat. Aber dieser stille und bohrende Ehrgeiz, dieser Wunsch, eine Rolle in der Gemeinde und in der Welt zu spielen, dieses hochmütige Wesen sitzt tief im Herzen. Und man macht es wie die Jünger: Man betrübt den Heiligen Geist und achtet auf keine Warnung. Man ist angefochten von der Sünde des Ehrgeizes und will es doch nicht anerkennen. Man nennt es »Eifer für des Herrn Haus«. Man redet sich ein, man werde gerade in einer bedeutenden Rolle nötig gebraucht. Man sieht doch nur zu deutlich, wie unbrauchbar die anderen sind! Und so gibt man seinem Herzen nach und drängt sich dazu, der Größte zu sein.

Ja, oft ist es auch so, dass eine Frau für sich selber gar keinen Ehrgeiz hat, aber ihren Mann möchte sie gern als »den Größten« sehen. Und wenn erst Frauen sich in solchen offenen oder

heimlichen Streit einmischen, dann wird es schlimm.
Welch große Gefahren liegen hier für die Gemeinde Jesu Christi!

Da zeugt eine Sünde die andere

Es ist seltsam, dass der Herr Jesus diesen Zank der Jünger nicht einfach überhört hat. Er war ja gar nicht in das Streitgespräch hineingezogen worden. Warum ließ er's den lieben Jüngern nicht einfach durchgehen?
Er hat die Sache an das Licht gezogen, weil bei diesem »Drang nach oben« wirklich der Schlamm in ungeahnter Weise aufgewühlt wird. Zunächst wurden nur die Gedanken der Herzen offenbar. Gewiss ging es den Jüngern um das Reich Gottes. Aber – so wurde nun deutlich – es ging ihnen auch sehr um die eigene Ehre. Zuerst waren das nur heimliche Gedanken. Jetzt wurden Worte daraus. Und aus den Worten wurde Zank. Und aus dem Zank wurde eine Sünde nach der anderen geboren.
Da ist zuerst der Hochmut. Wer »der Größte« sein will, der muss sich in seinen eigenen Augen heraufsetzen. Er schmückt sich vor sich selbst.
Dann kommt die Sünde der Lieblosigkeit. Der andere wird zum Hindernis auf dem eigenen

Weg nach oben. Und ein Hindernis kann man nicht lieb haben.

Dann kommt es zur Sünde des »Afterredens und bösen Leumund machen«. Um sich selbst recht herauszustellen, setzt man den anderen herab, man stellt dessen Schwächen ins Licht oder erfindet gar Fehler am anderen.

Und schließlich kommt die Sünde des Gekränktseins. O die vielen, vielen Beleidigten, Schmollenden, Gekränkten in der Christenheit, die es nicht verzeihen können, dass man ihnen nicht die erwünschten Ehren gab, die sich verkannt fühlen, die leiden, weil ihre Vorzüglichkeit nicht richtig anerkannt wurde!

Ein sehr gesegneter Missionsdirektor sagte einmal seufzend: »Ein Drittel meiner Zeit brauche ich, um die beleidigten oder sich zurückgesetzt fühlenden Brüder wieder zu besänftigen.«

Weil eben nicht jeder »der Größte« sein kann, gibt es unter Christen so viele, die sehr unglücklich sind, weil sie es sein wollten und nicht konnten.

Der Streit der Jünger war völlig fehl am Platze

Wenn man das Evangelium genau liest, wundert man sich sehr, dass die lieben Jünger gerade diesen Augenblick herausgesucht haben, um den Streit auszufechten, wer der Größte sei. Sie hätten ganz andere Sorgen haben sollen. Da waren zwei Geschehnisse vorausgegangen:

Ein Mann hatte seinen mondsüchtigen Sohn zu den Jüngern gebracht mit der Bitte, ihn zu heilen. Und dann machten die lieben Jünger sich ans Werk. Aber – es wurde nichts aus der Heilung. Es fehlte Ihnen die Vollmacht. Erst als der Herr Jesus selbst eingriff, wurde der Knabe gesund.

Da hatten die Jünger es recht vor die Augen geführt bekommen, wie ohnmächtig und klein wir alle sind.

Ist es heute nicht noch genauso? Es sieht so armselig und traurig aus in Kirche und Gemeinschaften, dass kein Mensch Grund hat, sich für groß zu halten. Spurgeon sagte schon zu seiner Zeit bitter: »Es fliegen zur Zeit keine Adler durch den Kirchenhimmel.« Reden wir lieber von unserer Ohnmacht anstatt von unserer »Größe«!

Und dann war noch etwas geschehen: Der Herr Jesus hatte seinen Jüngern von seinem kommenden Leiden und Sterben gesprochen. Er hatte ihnen sehr deutlich gemacht, dass es nach unten und nicht nach oben ginge. »Sie aber verstanden das Wort nicht.«

Das ist klar: Wo man groß sein will und Ehre sucht, versteht man das »Wort vom Kreuz« nicht mehr. Damals und heute! Und doch kommt alles darauf an, dass wir das Wort vom Kreuz verstehen. Denn – so sagt Paulus – es bleibt unverständlich denen, die verloren werden; denen aber, die gerettet werden, ist es eine Gotteskraft.

»Du hast dich meiner Seele herzlich angenommen, dass sie nicht verdürbe«

So sagte einst der Prophet. Und das darf jeder Jünger erfahren, gerade auch der, der vom Groß-sein-Wollen angefochten ist.

Dreierlei tut Jesus:

Er sagt ein Wort. »So jemand will der Erste sein, der soll der Letzte sein und aller Knecht.« Das ist völlig paradox. Und es führt in ganz große Verwirrung; denn nun könnte jemand sagen: »Jetzt will ich also recht niedrig sein, damit ich groß werde.« Und da ist alles schon wieder falsch, weil der böse Drang nach oben wieder da ist. So können wir nur aus Jesu Wort hören: Im Reiche Gottes gelten ganz andere Gesetze.

Er wird ein Vorbild. Jesus macht sich zum Knecht aller Sünder. Er wäscht den Jüngern die Füße und geht ans Kreuz.

Er hilft uns, dass wir unser »Ich« mit ihm in den Tod geben können. In Jesu Tod ist unser »Ich« am besten aufgehoben. Der sicherste Weg zur Seligkeit geht durch Zerbrochen-Werden, durch Klein-Werden, durch Sterben.

»Ich aber muss abnehmen«

Johannes 3,26-30:
Und sie kamen zu Johannes und sprachen zu ihm: Meister, der bei dir war jenseits des Jordans, von dem du zeugtest, siehe, der tauft, und jedermann kommt zu ihm. Johannes antwortete und sprach: Ein Mensch kann nichts nehmen, es werde ihm denn gegeben vom Himmel. Ihr selbst seid meine Zeugen, dass ich gesagt habe, ich sei nicht Christus, sondern vor ihm her gesandt. Wer die Braut hat, der ist der Bräutigam; der Freund aber des Bräutigams steht und hört ihm zu und freut sich hoch über des Bräutigams Stimme. Diese meine Freude ist nun erfüllt. Er muss wachsen, ich aber muss abnehmen.

Eine neue Situation

Bisher war Johannes der Täufer unbestreitbar der bekannteste Mann in Israel. Wenn es in der Bibel heißt: »Es ging zu ihm hinaus das ganze Land«, dann können wir annehmen, dass fast jeder mit seiner Verkündigung in Berührung gekommen war.

Aber nun war Jesus aufgetaucht. Das Volk strömte zu ihm. Um den Johannes wurde es stiller. Es waren offenbar nur noch kleine Versammlungen, die sich bei ihm einfanden. Ja, sogar von den Jüngern des Johannes waren manche zu Jesus übergegangen.

Diese neue Lage machte den übrig gebliebenen Johannes-Jüngern Not. Sie sahen, wie ihr geliebter Meister immer mehr in Vergessenheit geriet, wie es stiller wurde um ihn. Und schließlich können sie es nicht mehr bei sich behalten. Mit Bitterkeit in der Stimme sagen sie zu Johannes dem Täufer: »Meister, der Jesus, für den du dich so eingesetzt hast, der tauft, und jedermann kommt zu ihm.« So ganz stimmte diese Meldung nicht. Denn im nächsten Kapitel erfahren wir, dass Jesus selber nicht taufte. Aber wenn ein Herz bitter wird, dann ist es schnell bereit zu Übertreibungen.

Johannes gibt seinen Jüngern eine dreifache Antwort. Zuerst: »Ein Mensch kann sich nichts nehmen, es werde ihm denn gegeben vom Himmel.« Sodann: »Es ist in Ordnung, dass Jesus zunimmt und der Jünger abnimmt.« Und vor allem: »Jesus ist der Bräutigam. Ihm muss die Braut zugeführt werden.«

Die Geschichte gehört in die Sammlung »Angefochtene Gottesknechte«. Denn wir sehen hier in eine Anfechtung hinein, mit der auch heute noch die Kinder Gottes zu tun haben, namentlich die, die im Dienst für den Herrn Jesus stehen.

Die Anfechtung der Jünger

Die Johannes-Jünger dachten in dieser Stunde nicht mehr daran, dass Johannes der Täufer Jesus als den verheißenen Messias proklamiert hatte. Sie sahen nur: Ein anderer zieht die Menschen von unserm Meister ab. »Bei uns war früher brausendes Leben«, sagen sie. »Zu dem Täufer kamen die Menschen. Von ihm sprachen sie. Und wir bekamen etwas mit von der Bedeutung dieses Mannes. Aber jetzt zieht dieser Jesus die Leute weg.« Und heimlich ist im Herzen der böse Gedanke: »Dieser Jesus ist eine schlimme Konkurrenz für unsere Reich-Gottes-Arbeit.«

Wie häufig kommt das heute unter ernsten Christen vor!

Vor meiner Seele steht folgender Fall: In einer kleinen Stadt stand es sehr trübe um das Leben in der Kirche. Unbekehrte Pfarrer ohne eine rechte Botschaft sahen nur wenige Menschen in ihren Gottesdiensten. So war es gut, dass in dieser Stadt eine lebendige Gemeinschaft war. Dorthin strömten die hungrigen Seelen und die verlangenden Herzen. Die Gemeinschaft musste einen neuen Saal bauen. Aber eines Tages kam ein eifriger, gläubiger, vollmächtiger junger Pfarrer in diese Stadt. Seine Predigten zogen die Menschen an. Der Schwerpunkt des geistlichen Lebens verlagerte sich immer mehr in den Gottesdienst dieses jungen Pfarrers. Und da er von einem falschen Amtsbewusstsein frei war und den Laien die Möglichkeit zur Mitarbeit gab, zog es viele Menschen dort hin, und um die Gemeinschaft wurde es stiller.

Da begann es in den Herzen der Brüder zu rumoren. Und als der junge Pfarrer einst zu ihnen kam, traf er auf kühle Ablehnung.

Ebenso habe ich es oft umgekehrt erlebt: dass Pfarrer unfreundlich zu einer Gemeinschaft standen, weil sie in dem lebendigen Kreis dort eine Konkurrenz für ihre eigene Tätigkeit sahen.

Ja, auch innerhalb von christlichen Kreisen kann dieser geheime Konkurrenzneid wie ein schleichendes Gift sein.

Wie Johannes seinen Jüngern half

Johannes war ein wundervoller Seelsorger. Was ist das für ein hilfreiches Wort: »Ein Mensch kann sich nichts nehmen, es werde ihm denn gegeben vom Himmel.« Gott verteilt im Reich Gottes die Aufgaben. Er bestimmt den Kreis unsres Einflusses. Es ist für alle, die im Reiche Gottes arbeiten, überaus wichtig, dass sie sich vom Herrn zeigen lassen, wie weit ihr Aufgabenkreis geht. Es gehört viel Stille vor Gott dazu, ja zu sagen, wenn der Herr unserem Aufgabenkreis enge Grenzen setzt, unser Ehrgeiz aber gern hoch hinaus möchte.

Mir hat meine liebe Mutter da einen wundervollen Anschauungsunterricht erteilt. Sie stand in Frankfurt am Main an der Seite eines Mannes, den Gott in die Weite geführt hatte. Und das Pfarrhaus in Frankfurt war erfüllt mit Leben. Da trafen sich Kinder Gottes, da wurde die Pfarrfrau gefordert zu mancherlei wichtigen Aufgaben, da stand sie im Mittelpunkt eines weiten Arbeitsfeldes. Und dann starb der Mann mitten aus den großen Aufgaben heraus. Es war für uns lehrreich zu sehen, wie sie von Herzen ja dazu sagte, dass Gott sie aus ihren großen Aufgaben herausführte. Nun lebte sie in dem kleinen Dörflein Hülben. Sie wollte eigentlich nur noch für ihre Kinder und Enkel leben. Aber dann geschah es, dass Gott diese still gewordene Seele zu ganz besonderem Segen setzte. Es sind viele Menschen nach diesem schwäbischen Dörflein gekommen, um sich Rat und Hilfe zu holen.

Das ist also die erste seelsorgerliche Hilfe, die Johannes seinen angefochtenen Jüngern gab: Strebe nicht nach großen Dingen, sondern sage ja zu dem, wie der Herr deinen Aufgabenkreis bestimmt.

Die zweite seelsorgerliche Hilfe, die Johannes gab, war diese: »Er muss wachsen, ich aber muss abnehmen.« David hat einmal gesagt: »Ich will noch geringer werden und will niedrig sein in meinen Augen ...« Das ist das Gesetz des geistlichen Wachstums. Und wer das erkannt hat, der lässt dem Neid auf die Erfolge anderer keinen Raum.

Vor allem aber macht Johannes seinen Jüngern deutlich: Jetzt wird es offenbar, ob es euch im Grunde um euch selbst ging oder um die Ehre Jesu.

Ja, das muss bei uns auch eines Tages ganz deutlich offenbar werden. Wenn es uns um die Ehre Jesu geht, dann verstehen wir den Vers: »Wenn Jesus seine Gnadenzeit / bald da, bald dort verklärt, / dann freu dich der Barmherzigkeit, / die andern widerfährt.«

Heimlicher Ehrgeiz und Neid sind zwei Sünden, die nicht so offen am Tage liegen wie Mord oder Ehebruch; darum werden sie bei vielen gläubigen Christen heimlich geduldet. Es muss auch hier gelten: »Liebe, zieh uns in dein Sterben, / lass mit dir gekreuzigt sein, / was dein Reich nicht kann ererben.«

Die Anfechtung des Johannes

Die Bibel erzählt nichts davon, dass Johannes angefochten wurde, es sei denn, dass wir die Botschaft, die er später aus dem Gefängnis schickte, so verstehen wollen. Und doch glaube ich: Er hätte seinen Jüngern nicht so herrlich antworten können, wenn er vorher nicht auch durch eine Anfechtung gegangen wäre.

Er hatte Jesus als den Messias erkannt. Und doch war es für ihn schwer, beiseite gestellt zu werden. Ja, wie schwer war das, dass es immer stiller um ihn wurde, bis er schließlich im Gefängnis verschwand. Es mag manchen Leser geben, der in die Lage kommt, wo man von Gott so beiseite gestellt wird. Das ist sehr, sehr schwer für die alte Natur.

Und doch müssen wir uns klarmachen, dass dies »Abnehmen« zur Erziehung Gottes an seinen Kindern gehört.

Unser heimgegangener Bruder Dannenbaum sagte einmal: »Gott handelt mit seinen Kindern wie eine rechte Mutter. Sie zieht die Kinder aus, ehe sie sie zur Ruhe bringt.«

Es muss klar werden

Um was geht es uns im Grunde? Geht es uns um uns selbst, oder geht es uns um die Ehre

Jesu Christi? Man kann sehr eifrig sein im Dienst des Reiches Gottes und merkt doch nicht, wie man ungebrochen seiner eigenen Ehre dient. Aber der Herr bringt es schon zu jenem Krisenpunkt und zu jener Anfechtungsstunde, wo uns klar wird, wen wir eigentlich meinen.

Johannes war ein zerbrochener Mann, der nichts mehr für sich wollte. Es ging ihm ausschließlich um Jesus. Von dem hatte er gezeugt, als er rief: »Siehe, da ist Gottes Lamm, welches der Welt Sünde trägt!« Ihn liebte er. Er wusste, dass Jesus allein der Bräutigam ist, um den die Braut, die Gemeinde, sich sammelt. Und darum konnte er sich freuen, als er hörte, wie der Einfluss Jesu wuchs. Auch wenn er beiseite gestellt wurde, freute er sich »hoch über des Bräutigams Stimme«.

Wenn wir von uns selbst frei geworden sind unter Jesu Kreuz, dann können wir uns mit einfältigem Herzen freuen an allen Siegesnachrichten im Reich Gottes, auch wenn wir selbst dabei nicht gebraucht werden.

Die Jünger kamen einmal zu Jesus und erzählten ihm freudestrahlend von ihren Erfolgen: »Herr, es sind uns auch die Teufel in deinem Namen untertan!« Da schob Jesus das beiseite und sagte: »Freut euch, dass eure Namen im

Himmel geschrieben sind.« Hier ist im Grunde der gleiche Vorgang. Nicht unsre Erfolge, auch nicht unsre geistlichen Erfolge sollen der Grund unserer Freude sein, sondern nur »die Stimme des Bräutigams«.

Johannes hat uns das vorgemacht, wie man seine eigene Ehre völlig in den Tod gibt und sich allein freut an dem geoffenbarten Gott Jesus Christus. Wenn wir ein solches Sterben mehr üben würden, dann würde viel Gift aus dem Leben der Kirche und der Gemeinschaft verschwinden. Unser Zeugnis würde vollmächtiger, unsere Freude einfältiger, und unser Dienst würde sauberer sein.

Es muss wirklich ein ernsthaftes Gebet für uns werden: »Liebe, zieh uns in dein Sterben! / Lass mit dir gekreuzigt sein, / was dein Reich nicht kann ererben!«

Ausgerechnet so einer!

Apostelgeschichte 9,13:
Ananias aber antwortete: Herr, ich habe von vielen gehört von diesem Manne, wie viel Übles er deinen Heiligen getan hat zu Jerusalem.

Ein Mann bekommt einen Schock

In Damaskus lebte ein schlichter Jesusjünger. Er hieß Ananias. Eines Tages bekommt Ananias vom Herrn einen klaren Auftrag: »Stehe auf und gehe in die Gasse, die da heißt ›Die Gerade‹, und frage in dem Hause des Judas nach einem namens Saul von Tarsus; denn siehe, er betet.«

Ananias bekommt einen fürchterlichen Schrecken. Saulus von Tarsus! Diesen Namen kennt man in der jungen Christengemeinde! Das ist der Mann, der mit »Drohen und Morden wider die Jünger des Herrn schnaubt«. Das ist der Mann, der trotz seiner jungen Jahre alle Gelehrsamkeit seiner Zeit aufbietet, das Evangelium als Ärgernis und Torheit zu entlarven. Das ist der Mann, der kaltherzig zuschaute, wie Stephanus grausam gesteinigt wurde. Das ist der Mann, dem der Hohe Rat große Vollmachten gegeben hat, die Gemeinde Jesu Christi auch in Damaskus zu verwüsten. Und offenbar darf er seine Verfolgung mit stiller Billigung der römischen Gewalthaber betreiben. Zu diesem Mann schickt ihn der Herr Jesus?

In diesem Augenblick durchstürmten sicher mancherlei Gedanken und Gefühle das Herz des Ananias. Wie sollte er, der schlichte Mann, diesem großen Gelehrten gegenübertreten? Und hieß es nicht, seinen Kopf in den Rachen des Löwen zu stecken, wenn er sich zu diesem Saulus begab? Und war das Ganze nicht völlig unsinnig? Konnte man mit diesem wild gewordenen Schriftgelehrten überhaupt verhandeln?

Solche und ähnliche Gedanken haben ihn sicher bewegt. Aber nun erklärt ihm der Herr Jesus, dass dieser Saulus bete. Und dass er ein »auserwähltes Rüstzeug« werden solle, der den Namen Jesus vor Heiden und Israel tragen solle, vor Könige und vor das Volk. Ich bin überzeugt, dass da schließlich nur noch ein einziger Gedanke in dem Herzen des Ananias war: »Ausgerechnet dieser Mann, dieser Verfolger, dieser Blutbefleckte, dieser Unzugängliche, dieser Grausame – ausgerechnet dieser Mann soll von Jesus angenommen und auserwählt sein?!«

Ja, das ist eine der häufigen Anfechtungen bei Gottesknechten, dass Gott in seiner herrlichen

Freiheit Menschen erwählt, die wir als durchaus ungeeignet und untüchtig für das Reich Gottes erachten

Die biblische Linie

Durch die ganze Bibel hindurch zieht sich diese Linie: Gott erwählt sich Leute und zieht sie zum Sohn, die weder charakterlich noch ihrer Anlage nach für das Reich Gottes geeignet erscheinen. Ja, Gott erwählt sich oft Leute, die im Gegenteil alles mitbringen, rechte Verächter des Evangeliums zu sein. Und ihre Erwählung ist für die Frommen einfach ein Ärgernis und ein Schock.

Da ist im Alten Testament der Jakob. Bis zum heutigen Tag ist es für Christen und Weltleute unfassbar, dass dieser Mann der Geliebte Gottes sein soll. Wie wenig sympathisch tritt er uns entgegen, als er sich den Erstgeburtssegen erschleicht. Der raue Jäger Esau leuchtet unserer Vernunft viel mehr ein. Man braucht nur irgendeinen theologischen Kommentar nachzulesen, um festzustellen, wie schändlich Jakob immer und immer wieder gehandelt hat.

Aber all diesen Vernunftsgründen setzt Gott in seiner herrlichen Freiheit das Wort entgegen: »Welchem ich gnädig bin, dem bin ich gnädig, und welches ich mich erbarme, des erbarme ich mich.« Und in Beziehung auf Jakob heißt es: »Jakob habe ich geliebt.« Man kann darüber Näheres im 9. Kapitel des Römerbriefes nachlesen. Und es ist herrlich, im Alten Testament zu lesen, wie Gott sich seinen Jakob zubereitet und ihn zu einem auserwählten Rüstzeug macht.

Im Prophetenbuch Jeremia wird uns berichtet von dem Mohren Ebed-Melech. Das war also nun ein Mann, der nicht zum »Samen Abrahams« gehörte. Er hatte kein Recht am Tempel. Und wir dürfen wohl annehmen, dass ihn viel Verachtung des stolzen Gottesvolkes getroffen hat.

Aber dies auserwählte Volk hat den Propheten Jeremia, in dem Gottes Wort zu ihm kam, in eine leere Zisterne geworfen, in deren Schlamm Jeremia beinahe erstickte. Da erweckte Gott das Herz des Ebed-Melech, dass er den Jeremia rettete. Es wird uns dabei erzählt, dass er das mit einer solch rührenden Liebe und Sorgfalt tat, dass uns das heute noch das Herz ergreift. Und wir merken in dem Bericht, dass es sich hier nicht um eine humane Regung handelte. Er gab mit Jeremia dem Volk Israel das Wort Gottes zurück. Und ausgerechnet dieser Mann aus der Heidenwelt bekam das Versprechen des lebendigen Gottes: »Dich will ich erretten, du sollst dein Leben wie eine Beute davonbringen, darum dass du mir vertraut hast.« Ausgerechnet dieser Mann!

Und dann gehört in diese Reihe der wundervolle Bericht: »Es nahten aber zu Jesus allerlei Zöllner und Sünder, dass sie ihn hörten. Und die Pharisäer und Schriftgelehrten murrten und sprachen: Dieser nimmt die Sünder an und isst mit ihnen.« »Ausgerechnet diese Leute!« sagten sie. Und das sagten sie auch bei dem Zachäus: »Sie murrten, dass er bei einem Sünder einkehrte.«

Und nun muss die Geschichte vom Hauptmann Kornelius erwähnt werden. Das hätte selbst der herrliche Jünger Petrus nicht fassen können, dass dieser heidnische römische Soldat zum Sohn gezogen würde, wenn Gott ihm nicht zuvor eine Lektion erteilt hätte. Die ist zusammengefasst in dem einen Satz: »Was Gott gereinigt hat, das mache du nicht gemein.«

Die Erwählung der Sünder, der Heiden, der Drauenstehenden ist immer wieder ein großes Ärgernis gewesen. In Antiochien predigte Paulus frei öffentlich in einer Synagoge. Als der Widerstand der dortigen jüdischen Gemeinde gegen das Evangelium immer stärker wurde, erklärte Paulus: Der Herr hat uns geboten, den Namen Jesus zu den Heiden zu tragen. »Da das die Heiden hörten, wurden sie froh und priesen das Wort Gottes und wurden gläubig, wie viele ihrer zum ewigen Leben verordnet waren.« Die Gemeinde aus Israel aber erklärte: »Ausgerechnet diese Leute? Das kann nicht mit rechten Dingen zugehen!« Und dann entfesselten sie eine Verfolgung gegen Paulus.

Wir lesen in der Bibel, das Evangelium sei »den Griechen eine Torheit und den Juden ein Ärgernis«. Es erscheint nicht nur töricht und ärgerlich in seinem Inhalt, sondern auch darin, wie es seinen Weg geht zu denen, die den Herrn nicht gesucht haben.

Gottes Linien bleiben

Es geht auch heutzutage Christen noch so wie dem Ananias, dass sie einen Schock bekommen, wenn Gott zu denen geht, bei denen jede Evangeliumsverkündigung aussichtslos erscheint. Da fährt in den Herzen der Christen oft der Satz auf: »Ausgerechnet so einer!«

Die bekannte Evangelistin Corrie ten Boom, eine Holländerin, die im deutschen Konzentrationslager Unsagbares erlitten hat, erzählt ein ergreifendes Beispiel dafür:

Eine deutsche Mutter erzählte ihr von ihrem

Sohn Carl. Er war während des Krieges Gefängniswärter in Holland. Dabei hatte er allerlei Grausamkeit begangen und war zu 16 Jahren Gefängnis verurteilt worden. Aber nun zog die Mutter einen Brief hervor und zeigte ihn Corrie ten Boom. Darin schrieb der junge Mann: »Liebe Eltern, freut Euch mit mir, ich habe den Herrn Jesus als meinen Heiland angenommen. Alle meine Sünden habe ich auf ihn geworfen, und er hat sie in das tiefe Meer versenkt.«

Corrie ten Boom war durch diese Sätze sehr bewegt und beschloss, sich bei der Königin Juliane für den jungen Mann zu verwenden. Zuvor aber besuchte sie ihn im Vughter Gefängnis. Sie kannte dieses Gefängnis gut. Sie hatte einst selber in dem Innenhof dort gestanden mit einer Reihe von Männern und Frauen, die erschossen werden sollten. Das Grauen packte sie beim Betreten dieses schrecklichen Ortes.

Und dann steht sie in der Zelle vor Carl. Sie sagt ihm: »Ich habe auch in diesem Gefängnis gesessen im Jahre 1944.« Da wird Carl blass und schaut sie an. »Dann kennen wir uns?« »Ja«, sagt sie ernst, »allerdings kennen wir uns.« Und in dem Augenblick tauchen die schrecklichen Erinnerungen an all die Grausamkeiten auf, die sie erlebt hat und deren

Carl sich schuldig gemacht hat. Und darum bekommt sie einen Schock wie Ananias, als der Kerl mit einem Freudenschimmer im Gesicht sagt: »Ich bin so froh, dass ich jetzt von meinen Sünden erlöst bin.« Corrie ten Boom erzählt von diesem Augenblick: »Düstere Gedanken suchen mich heim. So leicht ist das? Jawohl: mein Vater, meine Schwester Bep, Kik, mein Vetter, und viele, viele andere sind im Gefängnis oder im Konzentrationslager durch deine und deiner Genossen Grausamkeit einfach hingemordet worden. Und jetzt sind deine Sünden einfach von dir genommen. So einfach ist das? ...
Ich sage kein Wort. Nur die Gedanken arbeiten in mir. Aber dann wird mir plötzlich klar, was ich tue. Jesus hat Carls Sünden ins tiefe Meer versenkt. Vergeben und vergessen hat er sie. Und ich zerre sie wieder ans Tageslicht. Ich bete: ›Vater, vergib mir diese Gedanken im Namen Christi. Herr Jesus, lass mich ganz nahe bei dir sein, damit ich vergeben und vergessen und meine Feinde lieben kann.‹ Und jetzt habe ich wieder Mut zum Reden. ›In der Tat, Carl, deine Sünden sind dir vergeben worden. Der Herr Jesus hat die Sünden der ganzen Welt getragen, auch deine und meine Sünden. Ich will dir etwas sagen: Ich schreibe jetzt an

die Königin und bitte sie, dass dir Amnestie verliehen werden möge.‹

In der Zelle bei Carl habe ich eine schwere Lektion gelernt: Wenn Jesus von uns verlangt, dass wir unsere Feinde lieben sollen, dann gibt er uns die Liebe, die er von uns fordert. Wir sind die Kanäle seiner Liebe, nicht aber die Speicher. Wäre ich ein Speicher gewesen, dann hätte er dort in der Zelle ein großes Loch bekommen, und die Liebe wäre hinausgeflossen wie ein Wasserstrom. Nur wenn ich mit ihm, der am Kreuz gebetet hat: ›Vater, vergib ihnen, denn sie wissen nicht, was sie tun‹, verbunden bin, nur dann kann ich vergessen und vergeben, ja sogar meine Feinde lieben. Ohne ihn aber ist mein Herz von Hass und Bitterkeit erfüllt. Darum will ich bei ihm bleiben.«

Die Überwindung der Anfechtung

Es ist interessant zu sehen, wie Corrie ten Boom und der Ananias vor fast 2000 Jahren in genau derselben Weise die Anfechtung überwunden haben, die aus der Rebellion des Herzens kam: »Ausgerechnet so einen erwählt Gott!« Sie wurden dem Befehl ganz schlicht gehorsam. Das ist das eine. Und sie ließen sich durch den Heiligen Geist die Liebe schenken, die wir natürlicherweise nicht aufbringen können. Es gibt auch für uns keinen anderen Weg, diese Anfechtung zu überwinden.

Im finsteren Tal

2. Korinther 1, 4 und 8:
... der uns tröstet in aller unsrer Trübsal, dass wir auch trösten können, die da sind in allerlei Trübsal, mit dem Trost, damit wir getröstet werden von Gott. Denn wir wollen euch nicht verhalten, liebe Brüder, unsre Trübsal, die uns in Asien widerfahren ist, da wir über die Maßen beschwert waren und über Macht, also dass wir auch am Leben verzagten.

Nichts Näheres bekannt

Der Apostel Paulus schreibt hier an die Gemeinde in Korinth von einem Erlebnis, über das wir nichts Näheres wissen. Es gibt Ausleger, die der Ansicht sind, Paulus rede hier von dem Erlebnis, das er schon im 1. Korintherbrief erwähnt: »Ich habe zu Ephesus mit wilden Tieren gefochten.« Andere wollen die Andeutung des Paulus auf irgendwelche Erlebnisse festlegen, die uns in der Apostelgeschichte erzählt werden. Aber das alles sind fragwürdige Wahrscheinlichkeiten. Ich glaube, wir tun gut, dies Wort von der ganz großen Trübsal des Paulus einfach so stehen zu lassen und ihm nicht weiter nachzuforschen. Auch wenn wir keine Einzelheiten wissen, können wir genug lernen aus dem, was Paulus uns hier berichtet.

Unser Herr starb am Kreuz

Es gibt keinen Christen, der nicht viel zu erzählen wüsste, wie freundlich ihn sein Herr führt. In solchen Zeiten, wo Sonne über unserem Lebensweg liegt, gilt uns immer das Wort aus dem Römerbrief: »Weißt du nicht, dass Gottes Güte dich zur Buße leitet?«

Aber wir sollten uns doch immer vor Augen halten, dass wir uns für einen Herrn entschieden haben, der sein Kreuz trug und der an das Kreuz geschlagen wurde. Der Herr, dem die Christen nachfolgen, ist nicht zu denken ohne die Zeichen seines Leidens. Als er auferstanden war, berührten die Jünger die Nägelmale. Und in der Offenbarung wird er uns gezeigt als das Lamm mit der Todeswunde. Wir haben also einen Herrn, der durch Leiden zur Herrlichkeit ging.

Da ist es völlig normal, dass seine Jünger und Jüngerinnen in der Nachfolge denselben Weg gehen müssen. Als Paulus von den Ältesten der Ephesus-Gemeinde in Milet Abschied nahm, sagte er ihnen: »Wir müssen durch viel Trübsal in das Reich Gottes gehen.« Albrecht Bengel hat den erschreckenden Satz gesagt: »Die Trübsal ist die dem wahren Christentum wesentliche Weltstellung.«

Unsere Väter haben das immer gewusst, dass die Trübsale und Nöte zur Nachfolge Jesu gehören. Paul Gerhardt singt: »Mich hat auf meinen Wegen / manch harter Sturm erschreckt; / Blitz, Donner, Wind und Regen / hat mir manch Angst erweckt; / Verfolgung, Hass und Neiden, / ob ich's gleich nicht verschuldt, / hab ich doch müssen leiden / und tragen mit Geduld. – So ging's den lieben Alten, / an deren Fuß und Pfad / wir uns noch täglich halten, / wenn's fehlt am guten Rat; / sie zogen hin und wieder, / ihr Kreuz war immer groß, / bis dass der Tod sie nieder / legt in des Grabes Schoß. – Ich habe mich ergeben / in gleiches Glück und Leid; / was will ich besser leben / als solche frommen Leut? / Es muss ja durchgedrungen, / es muss gelitten sein; / wer nicht hat wohl gerungen, / geht nicht zur Freud hinein.«

Davon hat Paulus auch gewusst. Sein Leben ging durch viele Tiefen. Wir hören ihn auch nirgends klagen. Er stellt das mit einer fast erschreckenden Sachlichkeit fest: Gott hat mich in dunkelste Abgründe geführt.

Unheimliche Tiefen

Ich habe so gern den Ausdruck, den ich einmal über Abraham hörte, der seinen Sohn opfern musste: »Abraham erlitt eine patriarchalische

Anfechtung.« Dieser Ausdruck will sagen, dass die Kinder Gottes nicht Zufälligkeiten ausgesetzt sind, wenn sie Trübsal erleiden. Gott misst ihnen vielmehr genau zu, entsprechend ihrem inwendigen Stand. Ein Patriarch erlebt patriarchalische Anfechtungen. Und der Apostel erlebt eine apostolische Anfechtung, von deren Tiefe wir uns keine Vorstellung machen können.

Paulus war kein Mann der überschwänglichen Worte, wenn es um sein eigenes Erleben ging. Wie großartig ist es, wenn er aus dem Gefängnis schreibt: »Freuet euch in dem Herrn allewege!« Und ein andermal weiß er aus seiner Zelle nur zu berichten, dass seine Bande zur Förderung des Evangeliums gedient hätten, weil nun das Evangelium im ganzen Gerichtsgebäude bekannt geworden sei. Solche Worte zeugen uns, dass der Paulus kein wehleidiger Mann war. Und dieser Paulus sagt nun: »Wir waren über die Maßen beschwert.« Ja, da ist von einer apostolischen Trübsal und Anfechtung die Rede.

Gott konnte einem Paulus viel zumuten. Und da erhebt sich bei jedem von uns die Frage: Wie viel kann Gott mir zumuten? In jedem Fall ist es sehr tröstlich zu wissen, dass in der Bibel steht: »Gott ist getreu, der euch nicht lässt versuchen über euer Vermögen, sondern macht, dass die Versuchung so ein Ende gewinne, dass ihr es könnet ertragen.«

Wer aber die Hintergründe kennt, dass nämlich unser Herr uns die Trübsale auflegt, und zwar entsprechend unserem inneren Tragvermögen, der versteht das Wort des Paulus: »Wir rühmen uns auch der Trübsale.« In dieselbe Linie gehört es, dass die Apostel Petrus und Johannes fröhlich wurden, weil sie gewürdigt waren, von dem Hohen Rat Schmach zu leiden.

Als ich einst mit jemand über diese Dinge sprach, wurde ich gefragt. »Kann denn die Trübsal nicht auch eine Strafe sein?« Darauf antworten wir: »Die Strafe liegt auf ihm, auf dass wir Frieden hätten.« Wir werden im Folgenden noch sehen, dass die Trübsale Erziehungsmittel in der Hand unseres Herrn sind. Aber wenn er unsere Sünden uns aufrechnen und strafen wollte, dann wären wir verloren. Unsere Strafe liegt ein für alle Mal auf Jesus.

Wir sehen also in unserem Text Paulus, wie er in Tiefen geführt wird, von denen wir uns kaum eine Vorstellung machen können. Aber Paulus wusste sicher, dass diese Tiefen nie so abgründig sind wie die Tiefen, in die sein Heiland geführt wurde im Garten Gethsemane.

Der Weg durch diese Tiefen war sein Weg dem geschlachteten Lamm nach.

Versager?

Nun hat es viele Bibelleser stutzig gemacht, dass Paulus selber schreibt: »… dass wir auch am Leben verzagten.« Es ist immer wieder die Frage aufgetaucht, ob Paulus hier nicht andeute, dass sogar sein Glaube ins Wanken geraten sei. Glich Paulus in dieser Verzagtheit nicht jenen Jüngern, die im Sturm riefen: »Wir verderben!«? Denen musste Jesus mahnend antworten: »Ihr Kleingläubigen!« Ja, erscheint hier Paulus nicht auch als ein solcher Kleingläubiger? War er – grob gesagt – nicht ein Versager in der entscheidenden Stunde seiner Trübsal?

Es ist natürlich immer eine fragwürdige Sache, wenn wir kleinen Geister dem nachspüren wollen, was in den verzweifeltsten Augenblicken zwischen den großen Gottesmännern und ihrem Herrn vor sich ging. Aber so viel möchte ich doch sagen: Gehört das nicht gerade zu der wirklich schrecklichen Anfechtung, dass das Herz schreit: »Wir verderben!«? Ist das nicht die tiefste und doch auch notwendigste Anfechtung, dass unser eigener Glaube im Feuer der Trübsal fast verglüht?

Es bleibt dann doch übrig der Blick auf das Kreuz Jesu, in dem ein für alle Mal die Liebe Gottes manifestiert ist. »So sehr hat Gott die Welt geliebt, dass er seinen eingeborenen Sohn gab!« Es ist keine Frage, dass in solchen schrecklichen Stunden der Trübsal viel von unserem so genannten Glaubensleben über Bord geht. Und wenn der Herr nicht treu wäre seinen Kindern gegenüber, dann würden sie wohl abfallen. Aber – der Herr ist treu! Das bezeugt Paulus selbst: »Gelobt sei Gott und der Vater unseres Herrn Jesu Christi, der uns tröstet in aller unserer Trübsal.« Gerade in der dunkelsten Stunde geht ihm neu das Licht auf von dem Gnädigen und Barmherzigen.

Wozu das Ganze?

Ein Kind geht in die Schule – nicht damit ihm die Zeit vertrieben wird, sondern damit es lernt und weiterkommt. Und ein Kind Gottes kommt in Gottes Trübsalsschule, damit es lernt und weiterkommt.
Es gehört zum Entsetzlichsten, wenn Christenleute durch Trübsale geführt werden, ohne dass dabei eine Frucht herauskommt für sie selbst und für andere. Es ist sehr bezeichnend, dass Paulus in ein paar Sätzen von dieser Frucht für ihn selbst und für andere spricht.

Wir sind hier an einer ganz wichtigen Stelle. Wenn wir die Trübsal, die Gott auf uns legt, nur wehleidig überstehen, indem wir klagen und uns um uns selbst drehen, dann bleibt die Leidenszeit fruchtlos. Dann sind wir in die Schule gekommen und haben nichts gelernt.

Frucht für andere

Der heimgegangene Präses der Rheinischen Bekenntnissynode, Paul Humburg, sagte einmal im Kirchenkampf in einer großen Versammlung den notleidenden Pfarrern: »Wenn der Pfarrer in die Mühle kommt, dann bekommt die Gemeinde das Öl.«
Das gilt nicht nur für Pfarrer, sondern für alle Christen. Wenn ich in meinem Geist all die Jünger und Jüngerinnen vorüberziehen lasse, die wirkliche Väter und Mütter in Christo waren, dann sind es alles die Leute, die in der Nachfolge des »Lammes mit der Todeswunde« das Sterben gelernt haben. Sie sind durch Tiefen der Trübsal gegangen. Und da haben sie es gelernt, Seelsorger zu werden für andere. Paulus sagt: »Der Vater unseres Herrn Jesu Christi tröstet uns in aller Trübsal, dass wir auch trösten können, die da sind in allerlei Trübsal, mit dem Trost, damit wir getröstet werden von Gott.« Das heißt doch: Paulus war

in der Presse, damit die anderen das Öl bekommen konnten.

Nur wer selbst Trost empfangen hat, kann Trost weitergeben. Nur wer selber geplagt war, kann die Geplagten aufrichten. Nur wer selber angefochten war, kann Angefochtene stärken. Gott wolle uns doch in unseren Trübsalen den rechten Blick schenken dafür, dass wir immer zubereitet werden sollen zu dem Dienst unseres Herrn an anderen!

Frucht für das eigene Leben

Wir spüren den Worten des Paulus an, dass er selber durch die Tröstungen seines Gottes reich gemacht worden ist.

Ist das nicht eine eigenartige Sache? Er beginnt den Bericht über die maßlosen Tiefen seiner Trübsal mit anbetendem Lob: »Gelobt sei Gott und der Vater unseres Herrn Jesu Christi!« In einem Lied heißt es: »Leiden macht das Wort verständlich, / Leiden macht in allem gründlich; / Leiden, wer ist deiner wert? / Hier heißt man dich eine Bürde, / droben bist du eine Würde, / die nicht jedem widerfährt.«